카플란의
현명한
정치가

『카플란의 현명한 정치가』에 보내는 찬사

로버트 카플란은 사회와 종교, 전략에 관해 축적한 예리한 통찰력을 『카플란의 현명한 정치가』에서 남김없이 펼쳐낸다. 이 책에서 그는 다양한 역사적 시기에 벌어진 충돌과 변혁이 가져온 변화들이 인간 정신에 어떤 영향을 미쳤는지 탁월하게 분석한다. 세계의 흐름을 누구보다 날카롭게 파악해내는 뛰어난 관찰자가 내놓은 감동적인 역작이다.
-헨리 A. 키신저

고대 그리스인들부터 셰익스피어의 고전과 현대의 실존적 문학에 이르기까지 샅샅이 톺아보는 탁월하고 독보적인 철학적 여정이다. 하지만 무엇보다도 이 책은 오랜 세월 지구촌 곳곳을 돌며 보도한 경험에 기반한 지정학에 관한 명상록이다.
-제임스 G. 스타브리디스 제독, 제16대 나토군 총사령관이자 『무모한 모험To Risk It All』의 저자

로버트 카플란은 40년 동안 직접 목격한 전쟁과 위기의 경험과 고전에 관한 지식을 결합하여, 역사에 무관심한 이들에

게 경고한다. 비극적 감성을 키웠더라면 우리 모두에게 도움이 되었을 것이라고. 그는 비극이 숙명론이나 절망이 아니라 이해하는 힘이라는 것을 보여준다. 아름답고 사려 깊은 에세이다.

-조지프 S. 나이 2세,『도덕은 중요한가?Do Morals Matter?』의 저자

로버트 카플란은 오래전부터 자기 자신을 가차 없이 비판해왔다.『카플란의 현명한 정치가』에서 그는 아이스킬로스와 에우리피데스, 소포클레스에 의지해 전혀 망설이지 않고 용감하게 궤도를 수정한다. 불안한 시대에 대단히 의미심장한 책이다.

-존 루이스 개디스,『대전략에 관하여On Grand Strategy』의 저자

우리가 사는 세계를 살펴보는 걸 직업으로 삼은 작가의 책이다. 그의 책은 언제나 경외감을 느끼게 한다. 이 책에서 카플란은 독자를 정보와 지식의 영역 너머에 놓인 지혜의 영토로 데려간다. 있는 그대로의 세계를 이해하고 싶은 이들이라면 무조건 읽어야 하는 심오한 책이다.

-아얀 히르시 알리,『먹잇감: 이민, 이슬람, 그리고 여성권의 잠식Prey: Immigration, Islam, and the Erosion of Women's Rights』의 저자

사려 깊고 효과적인 정책을 위한 로드맵 같은 책으로, 정책 결정권자들에게 꼭 필요한 교훈을 준다.

-『커커스리뷰』

THE TRAGIC MIND

카플란의 현명한 정치가

비극으로부터 배우는 정치의 본질

The Tragic Mind
Fear, Fate, and the Burden of Power

로버트 D. 카플란 지음 | 유강은 옮김

짐 토머스에게

아, 허망한 기쁨이여 …… 어느 누구도 안전하지 않다.

E. M. 포스터, 『기나긴 여행』, 1907

두려움은 수많은 것들로부터 우리를 구해준다.

그레이엄 그린, 『소진된 환자』, 1960

일러두기

1. 독자들의 이해를 돕기 위해 단체명, 사건명 등에는 처음 나올 때 원어를 병기했다. 주요 개념이나 한글만으로 뜻을 짐작하기 어려운 경우에도 한자나 원어를 병기했다.

2. 외국 인명과 지명의 한글 표기는 국립국어원의 외래어 표기법을 따랐으나 일부는 국내에서 통용되는 표기를 따르거나 원어에 가깝게 표기했다.

3. 지은이 주석은 ◆ 표시를 붙여 각주로 처리했다. 출처만을 밝힌 지은이 주석은 모두 후주로 처리했다.

4. 옮긴이 주석은 * 표시를 붙여 각주로 처리했다.

5. 원서에서 이탤릭으로 강조한 부분은 고딕체로 표시했다.

6. 단행본, 정기간행물, 희곡(연극)은 『 』, 오페라는 《 》, 시, 노래 등은 〈 〉로 표기했다. 국역본이 있는 단행본의 경우에는 주석에 밝혀두었는데, 저작권이 소멸되어 한국어판이 다수 출간된 경우에는 '한국어판 다수'라고 밝혔다. 그리스비극, 셰익스피어, 도스토옙스키 작품 등 전집도 여럿 나와 있는 경우는 특별히 한국어판을 밝히지 않았다.

7. 그리스비극과 셰익스피어 희곡은 각각 천병희 역, 최종철 역을 참조했다.

이 책에서 제가 누누이 말씀드리지만, 비극은 삶의 규칙으로 정해진, 누구나 겪는 불행이 아닙니다. 또한 선에 맞서 악이 거두는 승리도 아닙니다. 20세기에 벌어진 홀로코스트와 거대한 제노사이드들은 고대 그리스인들을 비롯한 여러 사람들이 생각한 비극과는 아무 관계 없는 광범위하고 악랄한 범죄일 뿐입니다. 비극은 사실 하나의 선이 다른 선에 거두는 승리, 고통을 야기하는 승리입니다. 한국인 여러분이 실제로 많이 경험한 일이지요.

예를 들어, 북한의 전체주의 체제가 종말을 맞는다면 세계에 아주 좋은 일이 될 겁니다. 하지만 잔인하게 들릴지 몰라도 북한의 안정은 남한에도 좋은 일입니다. 인도적인 면에서 볼 때 참혹한 재앙이 일어나서 남한 국경을 넘쳐흐르는 사태를 막아줄 테니까요. 남한 사람들은 북한을 두려워하고, 북한이 갑자기 붕괴하는 사태가 벌어질까봐 두려워합니다. 이런 사실은 비극의 핵심을 관통하는 풀기 어려운 딜레마를 보여줍니다. 아무리 풍경이 광대하더라도 정치 지도자와 국민들 앞에 놓인 선택지는 협소하고 좋지 않다는 데서 비극이 야기되기 때문입니다.

또한 비극은 결과에 영향을 미치기에는 너무 늦은 순간에야 비로소 상황의 진실을 파악한다는 데 있습니다. 그런 함정을 피하려면 불안함이 내재된 선견지명을 활용해야 합니다. 그러려면 어떤 결정을 내리기에 앞서 어떤 나쁜 일이 생길지를 전부 고려해야 합니다. 이런 격언은 다른 어느 지역보다도 바로 지금 아시아에서 중요한 의미를 갖습니다. 바로 이 순간 우리는 중국과 일본, 미국과 다른 나라들에서 경쟁적으로 벌어지는 대규모 군비 증강을 목격하고 있습니다. 그 어느 때보다도 지금 아시아에는 불안에 기초한 선견지명이 필요합니다. 한국은 북한이라는 특정한 위협과 대만을 놓고 중국과 미국, 일본이 전쟁을 벌일 수 있는 일반적인 위협을 맞닥뜨리고 있습니다. 이 책에서 제가 정의한 것에 맞추

어 현재 한국 독자들이 생각해야 할 비극은 서태평양에서 우발적으로 전쟁이 벌어질 경우 야기될 결과를 어떻게 생각할 것인가에 관한 것입니다. 제가 책에서 시사했듯, 무릇 전쟁이란 단기간에 끝내려는 의도하에 소규모로 시작된 경우라도 순식간에 대규모 재난으로 바뀌어 생명과 재산에 실로 엄청난 피해를 줄 수 있습니다. 사거리가 수백, 수천 킬로미터에 달하는 정밀 유도 무기와 미사일의 시대에는 특히 그렇습니다.

바야흐로 환태평양 지역은 전환점에 서 있습니다. 평화와 무장한 휴전, 대규모 전쟁 가운데 무엇이 우리 앞에 나타날까요? 비극을 피하기 위해 비극적으로 사고하는 것이 그 어느 때보다 중요해졌습니다. 이것이 바로 제가 이 책에서 이야기하는 주제입니다.

2023년 4월

로버트 D. 카플란

차례

The Tragic Mind

나는 1980년대에 그리스에 기반을 두고 공산주의 동유럽과 중동 대권역^{Greater Middle East*}, 아프리카를 담당하는 해외 통신원으로 일하면서 어엿한 언론인으로 성장할 수 있었다. 나는 아테네에서 지내면서 고대 그리스인들과 그들이 셰익스피어와 근대 문학에 미친 영향에 대한 관심이 불붙어 그리스인들이 두려워하던 것들—혼돈, 그리고 너무도 극단적이어서 실제로는 혼돈이나 마찬가지인 질서의 형태들—을 보기 위해 끊임없이 여행을 다녔다.

---

* 아랍 세계와 아프가니스탄, 이란, 이스라엘, 튀르키예 등을 아우르는 명칭.

내가 경험한 곳 가운데 가장 끔찍한 나라는 사담 후세인의 이라크였다. 당시 이라크는 나라 전체가 전등을 환하게 밝혀 놓은 널찍한 교도소 마당 같았다. 그리고 내가 마찬가지로 취재 여행을 통해 알게 된 바로 옆 나라 시리아의 하페즈 알 아사드 정권보다 훨씬 극악한 수준의 폭정 체제였다. 사담의 이라크와 비교할 만한 유일한 나라는 역시 내 담당 지역이었던 니콜라에 차우셰스쿠의 루마니아뿐이었다. 1986년 여름 어느 날, 이라크 보안경찰에게 여권을 압수당한 나는 아무것도 할 수 없는 상태에서 열흘 동안 북부에서 쿠르드족 민병대와 생활했다. 세계 곳곳을 돌면서 온갖 소름 끼치는 경험을 했지만, 사방에 독재자의 사진이 담긴 거대한 간판이 서 있고, 정보기관만 여럿에 거의 산업 차원의 고문으로 명성이 자자하며, 서구 주재 대사관에서 일하는 외교관들조차 이라크 정부의 의심을 살까봐 납작 엎드려 아무것도 해줄 수 없다고 방문자들에게 말하는 사담의 이라크는 어느 나라와도 견줄 수 없는 수준의 공포를 발산했다. 바그다드 하늘을 찢어버릴 듯한 용의 이빨 같은 모습으로 위압감을 주던 기념관이 기억 난다. 위대한 독재자를 찬양하기 위해 세운 건물이었다. 기관총을 든 경비원들이 지키는 대통령궁의 기다란 담장 바깥의 열기와 모래 먼지만큼이나 산재한 폭력의 위협에

숨이 막혔다. 이 모든 상황 때문에 9·11 직후 나는 사담 이후 시대 이라크에 어떤 일이 닥칠지 우려하면서도 이라크전쟁을 지지했다.

나는 내가 작성하는 기사에 제대로 거리를 두지 못한 언론인이었다. 냉정한 객관적 분석보다 감정이 앞서도 개의치 않았다. 2004년 4월 1차 팔루자전투 때 미국 해병대에 끼여 이라크로 돌아왔을 때 그 사실을 깨달았다. 그곳에서 나는 1980년대의 이라크보다 훨씬 참혹한 상황을 경험했다. 사담 정권하에서 이루 말할 수 없이 잔인하게 탄압받았던 모든 세력이 서로 피를 흘리며 싸우는 무정부 상태가 벌어지고 있었다. 내가 이 책을 쓴 것은 이라크전쟁에 관해 오판하는 바람에 그 후 몇 년간 우울증을 겪었기 때문이다. 나는 현실주의자 시험에서 탈락했다. 우리 시대의 가장 커다란 문제에서 실패를 맛본 것이다! 그 후로 중세 페르시아 철학자 아부 하미드 알가잘리의 말이 계속 귓전에 울렸다. 무정부 상태 1년이 폭정 100년보다 더 나쁘다는 그의 말이.[1]

나는 해외 통신원으로 40년을 일하면서 이라크뿐만 아니라 예멘, 아프가니스탄, 시에라리온, 그 외 여러 나라에서도 명분 없는 끔찍한 폭력을 근거리에서 목격하며 늘 두려움을 느꼈다. 또한 너무도 극단적인 수준이라 시간이 지나고 나서야 그것이 질서를 가장한 무정부 상태였음을 이해한 폭정 또한 목격했다—특히 스탈린주의 루마니아와 바트당의 이라크에서는 말 그대로 누구든지 아무 이유도 없이 체포되거나 고문당하고 살해될 수 있었다.

무정부 상태는 고대 그리스인들이 가장 두려워한 근본적인 공포였다. 그리스인들은 워낙 합리적이었던 까닭에 문명 반대편에 놓인 비합리적인 것의 힘을 무시하지 않았다. 그들은 결코 질서와 무질서가 도덕적으로 동등하다고 생각하지 않았다. 그리스비극에서는 질서정연한 세계—혼돈의 대립물—가 언제나 선이다. 현대 세계는 히틀러와 스탈린이 질서를 잔인무도하게 왜곡하면서 이런 감성을 잃어버렸다. 그리고 이런 왜곡은 올더스 헉슬리의 『멋진 신세계』(1932)나 조지 오웰의 『1984』(1949) 같은 디스토피아 소설에 영감을 주었다—두 책에서 묘사하는 체제는 너무도 섬뜩해서 질서 자체에 오명을 안겨준다.

물론 일단 질서가 부과되면, 남은 과제는 폭정을 점점 줄여나가는 것이다. 미국혁명의 아버지들은 이런 문제에 천착하여 치열한 논쟁을 벌였다. 그리스인들이 세계가 대단히 불완전하면서도 아름답다고 생각한 이유 가운데 하나는 질서가 대체할 수 없는 것인 동시에 심각한 위험을 수반하기 때문이다.

그리스인들은 혼돈을 두려워하고 이를 피할 수 있는 방법을 배우는 데 커다란 가치를 두었다. 두려움은 수많은 것들을 경고한다. 우리는 국가적으로나 개인적으로 우리 앞에 어떤 일이 닥칠지 별로 알지 못한다. 소포클레스의 『오이디푸스 왕』은 어떤 사람도 죽기 전까지는 운이 좋다고 평가할 수 없다는 것을 가르쳐준다―확실한 것은 아무것도 없고 따라서 그 무엇도 당연하게 여겨서는 안 되기 때문이다. 국가의 경우도 마찬가지다. 우리 가운데 가장 현명한 이들은 두려움에 사로잡혀 있는데, 이는 미래 지향적인 현상이다. 특히 전쟁과 평화에 관한 결정을 내리는 권력자들의 경우에는 더 그러하다. 현명한 지도자들은 비극을 피하기 위해서는 비극적으로 사고해야 한다는 것을 아는 이들이다. 블라디미르 푸틴은 이런 교훈을 전혀 배우지 못했다. 조금이라도 배웠다면 우크라이나를 침공하지 않았을 테니까.

그리스비극은 건설적인 두려움 또는 불안한 선견지명의 필요성에서 생겨났는데, 거기에서 더 나아가 다른 많은 것들을 아우른다. 가령 진정한 비극은 풍경이 아무리 광대하더라도 우리 앞에 놓인 선택지가 별로 없다는 사실에 대한 혹독한 인식으로 특징지어진다. 이 세계는 온갖 제약으로 가득하다. 자각한다는 것은 주어진 상황에서 무엇이 가능하고 불가능한지를 이해하는 것이다. 이러한 자각은 종종 너무 늦게 이루어져 결과에 영향을 미치지 못한다. 고위직에 있는 사람의 비애와 역설은 그에게 권한이 있다 하더라도 그의 선택지가 정말로 끔찍할 수 있다는 것이다.

또한 비극은 온갖 역경을 무릅쓰는 개인의 싸움보다 세상에서 더 아름다운 것은 없다고 주장한다. 비록 그 개인을 기다리고 있는 것은 오직 죽음뿐이고, 그가 오랫동안 기억될 가능성이 거의 또는 전혀 없다 할지라도 말이다. 이로써 인간 정신은 진정으로 위대해진다. 싸움에는 언제나 목표가 있고 성공의 가능성이 존재하기 때문이다. 비극은 숙명론이 아니며, 스토아학파의 정적주의quietism와도 아무 관계가 없다. 비극은 이해하는 것이다. 그것은 내가 이라크에 관해 얼마나 잘못된 판단을 내렸고, 왜 그랬는지를 깨달으면서 팔루자에서 마침내 얻은 이해와 자각 같은 것이다. 하지만 처음부터 비극적으로 사고하면 늘 미래를 두려워하므로 자신의 한계를 인식하고, 따라서 더 효과적으로 행동할 수 있다. 이 책에서 나의 목표가 독자들에게 영감을 주는 것이지 의기소침하게 만드는 것이 아닌 것은 그 때문이다.

게다가 그리스비극은 누구에게나 닥치는 불행에 관한 이

야기가 아니며, 이루 말할 수 없이 비열한 반인도적 범죄에 관한 것도 아니다. 내가 해외 통신원으로 일하던 초기의 양대 괴물인 니콜라에 차우셰스쿠와 사담 후세인은 절대 비극의 주인공이 될 수 없었다. 그들에게는 자기인식을 얻을 수 있는 수단이 없었기 때문이다. 비극의 주인공은 마침내 지혜를 발견한다. 그리스인들이 정의했듯, 비극은 선에 맞선 악의 승리가 아니라 하나의 선이 고통을 야기하는 다른 선에 거두는 승리다. 사담 후세인을 제거하는 것은 좋은 일이었지만 그것은 더 큰 선, 즉 질서의 외관을 대체해버렸다. 사담의 무법적인 권위주의 통치조차 이라크에 닥칠 수 있는 최악의 혼돈이 아니었다. 사담은 사라졌지만, 수십만 명의 이라크인이 무참하게 죽어갔다. 비극은 도덕적으로 옹호할 수 있지만 양립할 수 없는 목표들에 관한 이야기다. 악 대신 선을 선택하는 것은 너무도 쉽기 때문이다. 그래서 나는 이 책에서 주로 악에 관해 썼다.

이라크가 거의 문자 그대로 실패작인 것은 악 때문이 아니라 우리 지도자들이 냉전이 종식된 뒤 비극적으로 사고하는 능력을 상실했기 때문이다. 내가 회복하고자 하는 것은 바로 그런 감성이다.

1장

선과 선의 싸움

해외 통신원으로 40년을 일하면서 나는 세계에서 벌어지는 사건을 이해한다는 것은 지도로 시작해서 셰익스피어로 끝나는 과정이라는 것을 배웠다. 지도는 사건들이 벌어지는 맥락과 그 사건들이 펼쳐지는 거대한 배경을 제공한다. 하지만 그 사건들을 이해―정치 지도자들의 정념과 본능을 꿰뚫어보는 중요한 통찰―하는 데 필요한 것은 셰익스피어적 감성이다.

　수천 년은 아닐지라도 수백 년 동안 특정한 지역에 거주한 서로 다른 인구 집단들의 축적된 경험을 구성하는 문화와 문명을 연구하기 위해서는 지리학이 필요하다. 현대의 정치학으로는 문화적 특성과 경향을 쉽게 정량화할 수 없지만, 그렇다고 해서 그 중요성이 줄어드는 것은 아니다. 다시 말해 지도는 모든 지식의 토대를 이룬다. 나는 지금까지 일하는 동안 지도들과 함께 살았다. 임무가 정해져서 낯선 나라로 날아가기 전에 제일 먼저 하는 일이 지도를 들여다보는 것이었다. 지도는 기회와 한계를 동시에 보여주었다. 어떤 나라에는 해안선이 있지만, 어떤 나라에는 없었다. 어떤 나라는 해안의 거대한 교통선에 면해 있었지만, 훨씬 많은 나라들은 그렇지 않았다. 어떤 나라는 산맥이 있어 부족과 종족 집단이 갈라진 반면, 많은 나라는 그렇지 않았다. 어떤 나라는 토질이 좋은 반면 다른 나라는 그렇지 않았다.

하지만 지도 자체는 지나치게 숙명론적이다—그렇기 때문에 지정학 분야만 떼어내어 연구하면 별로 흥미롭지 않은 진실만 밝혀진다. 훨씬 더 흥미로운 진실은 언제나 마음의 영역과 관련되어 있다. 그것은 지도에서부터 땅을 파고 들어가 문화와 축적된 역사적 경험, 그리고 마침내 개인까지 다다라야만 알 수 있는 영역이다.

인간은 화학적·물리학적 법칙에 따라 행동하는 시험관 속 분자가 아니다. 그런 이유로 과학 법칙처럼 확실하게 예측 가능한 국제정치는 존재하지 않는다. 지리와 문학을 양쪽에 놓고 저울질하면서 연구해야만 조금씩 나아지는 통찰이 있을 뿐이다. 그런데 사람들은 나이가 들수록 문학을 더 강조한다. 역사학자들은 이 점을 잘 알고 있다. 최고의 역사학자들(그리고 내가 아는 최고의 전통적인 해외 통신원들)은 소설가의 드높은 차원에 존재한다. 그들은 거대하고 결정적인 양상 안에 정념과 행동이라는 무정형의 회오리바람에 따라 움직이는 인간의 상호작용이라는 예측 불가능한 혼돈이 존재한다는 것을 안다―따라서 정상회담 도중 즉석에서 나온 하나의 몸짓이나 발언 때문에 대사건이 일어날 수 있다. 정치 지도자의 성격을 보여주기도 하는 그런 몸짓이나 발언은 역사학자와 정치학자들이 연구할 수 있는 심층적인 구조적 요인들로 환원된다.

햄릿의 마음보다 더욱 광대하고 온갖 경이와 가능성으로 가득한 지리는 존재하지 않는다. 햄릿은 생각나는 대로 말을 내뱉음으로써 문화적 구분을 무너뜨리며, 지리를 능가하는 보편주의를 드러내 보인다.[1] 지리는 규모이자 범위인 반면 햄릿은 특수성이자 미세함이다. 문학에서 어떤 작품이 두 요소를 하나로 통합해내는 경우, 우리는 이를 "서사시"라고 부른다.[2] 톨스토이의 『전쟁과 평화』와 칼라일의 『프랑스혁명』은 거대하고 압도적인 캔버스 위에 자신의 운명을 스스로 결정하고자 하는 개인들을 세밀화로 그려낸 사례로 손꼽힌다.

하지만 지리와 셰익스피어를 하나로 묶는 것은 훨씬 더 근본적인 요소이다. 이 모든 상호작용의 요소들—지도, 문명, 역사, 개인—이 만들어내는 드라마를 증류함으로써 아무리 범위가 넓고 위대한 문학적 서사시라도 고삐를 잡아주는 그것은 다름 아닌 비극이다. 모든 문학과 인간 본성, 세계적 사건이 비극의 영역 안에서 펼쳐진다. 비극은 풍경이 아무리 광대하더라도 우리 앞에 놓인 선택지는 거의 없다는 혹독한 인식, 즉 조건이 어떻든 모든 것이 가능하지는 않다는 인식과 더불어 시작된다. 비극은 인간적이고 물리적인 온갖 제약으로 이루어진 세계다. 자기를 인식하는 것은 어떤 주어진 상황에서 현실적으로 무엇이 가능하고 가능하지 않은지를 이해하는 것이다. 그리고 이런 자기인식은 대개 너무 늦게 찾아와서 결과에 영향을 미치지 못한다. 헤로도토스가 인용한 페르시아인의 말처럼, "우리는 필연성의 속박을 따른다. 이는 인류에게 쓰디쓴 고통이다. 많은 것을 알지만 아무것도 통제하지 못하니"[3]. 그렇다 해도 계속 나아가는 것 외에는 다른 대안이 없다. 분석이란 우리가 어려운 선택을 내리는 과정이다.

이 모든 것은 우리가 아는 것하고만 관련될 뿐이다. 우리가 알지 못하는 것, 알 수 없는 것도 많다. 강대국의 지도자가 군사 공격 개시를 결정할 때, 아무리 책상 위에 정보 평가서가 수두룩해도 적들의 의도를 명확하게 파악하지 못한 상황에서 움직이는 경우가 부지기수다. 블라디미르 푸틴은 우크라이나 침공을 앞두고 눈이 가리워져 있었는데, 그렇게 판단이 흐릿해졌던 것은 부하들이 그와 솔직하게 토론하는 것을 두려워했기 때문이다.

소포클레스의 『오이디푸스 왕』은 어느 누구도 죽기 전까지는 운이 좋다고 평가할 수 없음을 가르쳐준다―확실한 것은 아무것도 없고, 따라서 그 무엇도 당연하게 여겨서는 안 되기 때문이다. 강력한 힘을 가지고 승승장구하는 사람도 언제든 재앙을 입어 마법 같았던 특권적인 삶이 한순간에 재가 될 수 있다. 운명―그리스인들이 모이라^{moira}, 즉 "주어진 몫"이라 부른 것―이란 것이 존재하기 때문에 우리가 오만^{hubris}(휘브리스)에 대비하기 위해서는 불안에 근거한 선견지명이 필요하다.[4] 다시 말해, 우리는 비극을 피하기 위해 비극적으로 사고하려고 노력해야 한다. 오로지 불안에 근거한 선견지명―우리가 놓인 상황이 언제나 극적으로 변할 수 있고, 나빠질 수 있다는 인식―을 통해서만 우리는 겸손을 배우고 환상에서 벗어날 수 있다. 허영심 많고 교만한 사람들이 어리석기까지 한 것은 이 때문이다. 철학자 아르투어 쇼펜하우어가 알려주듯, 비극은 "인간의 모든 노력이 헛됨"을 드러낸다.[5] 이런 깨달음을 내면화하는 비극적 사고는 위기가 발생해서 자기 자신에 관한 받아들이기 힘든 진실을 억지로 배워야 하기 전에 자신을 발견한다는 것을 의미한다. 20세기 초중반을 빛낸 옥스퍼드의 뛰어난 고전학자 모리스 바우라 경에 따르면, 고대 그리스인들은 인간의 위대함은 승리보다 재앙 속에서 가장 분명히 드러난다는 것을 알았다.[6] 그리스인들이 영웅적 이상을 비극적 이상과 융합한 것은 그 때문이다.

비극은 슬픔보다 훨씬 많은 것과 관련 있다. 비극은 선과 맞서 악이 거두는 승리에 관한 것이 아니다. 그보다는 극복할 수 없는 힘들에 맞서는 숭고한 분투에 관한 것이다. 이러한 분투는 우리의 삶에 대한 새로운 인식으로 이어지고, 인간 존재를 신성하게 만든다. 앞서 말했지만, 국제관계에서의 비극에 관해 글을 쓰는 것은 독자들의 사기를 꺾으려는 게 아니라 영감을 주기 위해서다.

'트라고이디아tragoidia'('염소'를 뜻하는 tragos에서 유래했다)라는 단어는 그리스의 많은 연극에서 합창단(코러스)이 염소 가죽을 걸치거나 염소같이 보이는 옷을 입은 데에서 기원했을 것이다. 니체는 프리드리히 실러의 말을 되풀이하면서 합창단 자체가 그리스비극의 토대라고 말한다. 합창단이 "현실 세계를 차단하고 이상적 장소를 보호하기 위해" 무대 위에 일종의 "살아 있는 벽"처럼 존재하기 때문이다.[7] 이런 사고는 그리스비극이 영웅시대의 무정부 상태 및 영광과 동일한 것이라는 헤겔의 통찰과 일맥상통한다. 영웅시대에는 인간을 보호해주는 국가의 제도적 구조가 전무했기 때문에 인간은 또다시 스스로의 힘에 의지해야 했다.[8] 이런 이야기 중 어느 것도 아이러니하거나 모순적으로 들리지 않는다. 앞으로 살펴보겠지만, 비극적인 사고가 반드시 부정적이거나 심지어 비관적인 것은 아니다.

그리스인들이 위대했던 이유의 중심에는 비극이 있으며, 따라서 서구 창의성의 중심에도 비극이 있다. 비극적 정신을 발명한 바로 그 문명이 페르시아제국 역시 물리쳤다. 자기인식의 토대이자 환상의 소멸을 의미하는 비극은 개인성의 발전과 유기적 관계가 있다. 고대 그리스에 처음 모습을 드러낸 개인성은 결국 서구 민주주의의 등장으로 이어졌다.

미국의 위대한 고전학자 이디스 해밀턴은 1930년에 쓴 글에서 비극은 견딜 수 없는 진실의 아름다움이며, (앞서 내가 지적했고 일찍이 헤겔이 『법철학』에서 보여준 것처럼) 진정한 비극은 선과 맞서 악이 거두는 승리 때문이 아니라 한 선이 다른 선에 맞서—그리고 한 윤리적 개인이 다른 윤리적 개인에 맞서—승리하면서 생겨나는 고통이라고 설명했다.[9] 고대 그리스인들이 "이 세계에 돌이킬 수 없이 잘못된 일"이 존재하는 "동시에", 그런 세계를 "아름다운 곳"이라고 판정해야 한다는 것을 깨닫는 순간 비극이 탄생한 것이다. "세계에 위대한 비극 예술가가 네 명 있는데 그중 셋이 그리스인이다." 해밀턴은 (다시 헤겔의 말을 되풀이하면서) 이렇게 선언했다. 아이스킬로스, 소포클레스, 에우리피데스가 그들이다. 네 번째는 물론 셰익스피어다.◆ 페리클레스의 아테네(아테나이)와 엘리자베스의 잉글랜드는—"어둠과 패배"의 시대가 아니라—"불가해한 가능성들"의 시대였기 때문에 오히려 비극 개념이 번성할 수 있었다. 시간적으로 2,000년 이상을 떨어져 있던 관객들은 운명에 맞선 영웅적이고 종종 헛된 싸움을 평온하게 받아들일 수 있는 위치에 있었음에도—여전히 불안

◆어떤 의미에서 이는 단순화한 것이다. 알베르 카뮈는 그리스인들 이후로 비극이 또다시 번성한 것은 셰익스피어 때문만이 아니라 "서유럽 변두리에 맞붙어 있는 나라들" 전반과 관련 있다고 말한다. 엘리자베스 시대의 극장뿐만 아니라 황금기의 에스파냐 극장, 프랑스의 17세기 비극은 모두 거의 동시대에 등장했다. Albert Camus, "On the Future of Tragedy," in *Lyrical and Critical Essays*, edited by Philip Thody and translated from the French by Ellen Conroy Kennedy (New York: Vintage, 1968), p. 296.

하긴 해도 행운을 누린 덕에―비극에 위압당했다(가장 위대한 비극 작품인 소포클레스의『오이디푸스 왕』이 아테네의 힘이 페리클레스 치하에서 최고조에 달했을 때 쓰였다는 사실을 기억하자). 분명히 말하지만, 비극은 잔인함이나 비참함 자체가 아니다. 통상적인 불행은 피상적이고 막연하게 비극적이다. 쇼펜하우어가 말하듯, 불행은 삶의 "일반적인 규칙"이기 때문이다.[10] 홀로코스트와 르완다 대학살은 비극이 아니다. 이 사건들은 절대 용납할 수 없는 거대한 범죄다. 두 사건은 우리를 정신적으로 고양시켜주는 선과 선의 싸움이 아니라 거대한 악일 뿐이다. "인간 삶의 존엄성과 의미―비극은 오로지 이런 것만을 부여잡는다." 해밀턴은 이렇게 말한다. 따라서 비극적 감성은 비관적이지도, 냉소적이지도 않다. 오히려 용기나 지대한 열정과 공통점이 더 많다. 비극적으로 사고하지 않으면 "추잡해진다"고 해밀턴은 말한다. 삶의 의미를 잃어버리기 때문이다.[11]

고대 그리스인들은 세계를 투명하게 볼 수 있었기 때문에 서로 대립하는 것들을 화해시키는 데 전혀 문제가 없었다. 바우라와 동시대인인 케임브리지의 고전학자 F. L. 루커스는 "서구의 비극"에는 처음부터 "인간의 불행과 더불어 위대함"이 배태되어 있었다고 썼다.[12] 그리스인들은 불의와 끔찍한 운명을 자연스러운 것으로 받아들이는 동시에 세계의 고뇌를 가장 심원한 수준에서 느낄 수 있었다. 가령 에우리피데스는 개인의 존엄성을 줄기차게 옹호하며 인간의 고통에 맞서 싸운 반역자이자 투사였다. 인도주의는 히브리의 선지자 이사야만이 아니라 에우리피데스와 더불어 시작된다. 이런 사실은 오늘날 인도주의적 글쓰기의 불가사의한 힘을 설명해준다. 거대한 폭력과 불의 앞에서 무기력한 모습을 거듭 꾸짖는 것, 정책 결정권자들이 당신의 호소를 듣고 행동에 나설 가능성이 희박하고 이런 인도적 행동에 나서는 것이 국익에 별 도움이 되지 않을 때에도 그렇게 꾸짖는 것은 여전히 많은 이들의 관심을 끈다. 도덕과 무관하게 국익을 강조하는 현실주의자들은 인도주의자들이 대중으로부터 감사와 경의를 받는 것이 짜증나고 당혹스럽다는 반응을 보인다. 하지만 그들은 이에 놀라거나 기분이 상해서는 안 된다. 비극적 감성이 어떻게 작동하는지 알고 싶다면 그저 에우리피데스의 『트로이아(트로이) 여인들』을 읽거나 공연을 보고, 전쟁에서 민간인이 겪는 고통을 다룬 이 비극에서 2,400여 년의 시간 동안 관객들이 얻은 즐거움을 경험할 필요가 있다. 우리 인간은 거대한 불의에 대처할 수 없더라도 그것에 관해 배우면서 감동받고, 심지어 우리 자신의 반응에서 일종의 기

뺨을 얻기도 한다(내가 무슨 말을 하는지를 알려면 베르디의 《나부코》에서 〈히브리 노예들의 합창〉을 들어보라). 이는 위선이 아니라 더 높은 도덕성을 추구하는 야심이다. 그리스인들과 엘리자베스 시대 사람들은 이 도덕성을 하나의 예술 형식으로 바꿔놓았다. "우리에게 예술이 있는 것은 진실 때문에 죽지 않기 위해서다"라고 니체는 말한다.[13]

다수의 인도주의자들 역시 비극적 감성을 온전하게 이해하지는 못한다. 그들은 자신들의 반대편에 선 콧대 높은 현실주의자 역시 진실에 따라 움직인다는 것을 받아들이지 않는다. 그것은 다른 진실일 뿐 도덕적이라는 점에서는 같다. 정치인들은 우선 자기 지역의 시민들에게 충실하며, 대개 그 시민들의 이해를 보편적인 이해보다 우선시한다. 국가는 인류보다 앞선다. 다시 말해, 특히 시민들이 지도자를 선출하는 민주주의 사회에서는 그러하다. 한 선이 다른 선에 승리를 거둘 때 고통이 생겨나는 것은 이 때문이다. 바로 이것이 세상에서 치유할 수 없는 나쁜 점이며, 그리스인들은 이를 바로잡을 수 없다는 것을 알았다.

물론 어떤 이는 정책 결정권자들이 충분히 현명하다면 위기의 와중에 개별적으로 내리는 결정에서 국익이 인도적 이해와 아주 잘 부합할 수 있다고 주장할지 모른다. 하지만 그렇더라도 주된 논점은 여전히 유효하다. 국가의 이익과 인도적 이익은 종종 충돌하며, 제아무리 현명한 인도주의자라도 늘 옳을 수는 없는 법이다. 바로 여기에 비극이 존재한다.

미국의 힘이 언제나 세계를 바로잡을 수 있다고 믿는 것은 비극적 감성에 위배된다. 그렇지만 대외 정책을 담당하는 워싱턴 엘리트들의 상당수는 이런 통념을 지지하고 있다. 정책 자체는 해외의 무수한 조건들을 개선하려는—이상적으로 바로잡으려는—과정이기 때문에 엘리트들은 모든 문제를 교정할 수 있으며 이에 동의하지 않는 것은 숙명론일 뿐이라고 믿는다. 하지만 그게 사실이라면 비극은 존재하지 않을 것이다. 비극은 많은 싸움이 무의미하기 때문에 가슴 아프고 비극적이라는 것을 알면서도 세계를 바로잡으려는 용감한 시도와 관련되어 있다. 하지만 그 노력은 한계가 있을 수밖에 없다. 정치력은 무엇보다도 규율과 어려운 선택에 관한 것이므로 가장 위대한 정치인은 비극적으로 사고해야 한다. 위대한 정치인은 최악의 결과를 피하기 위해 불안에 근거한 선견지명을 갖추고 미리 생각한다. 언젠가 헨리 키신저도 농담처럼 말했지만, 미국 엘리트들이 유독 현실주의와 현실주의자들을 업신여기는 것은 그들이 비극적인 것을 전혀 이해하지 못하기 때문이다. 싸움이라는 것이 정의를 추구하기 위해서

카플란의 현명한 정치가

만이 아니라 다루기 힘든 세계에서 악을 줄이기 위해 벌어진 다는 것을 전혀 인식하지 못하는 것이다. 실패하는 방법에는 여러 가지가 있다. 그리고 어떤 것들은 다른 것보다 낫다.

에이브러햄 링컨과 프랭클린 루스벨트는 비극적 감성이 풍부했다. 1864년 링컨은 남북전쟁을 결정적으로 끝낸다는 더 큰 선을 달성하기 위해 남부의 민간인들에게 의도적으로 끔찍한 고통을 안겼다. 루스벨트는 대량 학살자 히틀러를 물리치기 위해 역시 대량 학살자인 스탈린에게 군사원조를 보냈다. 비극은 종종 상대적으로 덜한 악을 받아들이는 것이기도 하다. 미국이 두 대양에 의해 보호받던 시절, 즉 진주만 이전의 수십 수백 년 동안은 비극적 태도가 별로 필요하지 않았다. 진주만 이후에도 권력은 대개 참전군인들의 수중에 있었다. 해리 트루먼부터 드와이트 D. 아이젠하워, 조지 H. W. 부시에 이르기까지 세계를 더 나은 곳으로 만들려는 권력자들의 이상주의와 결단은 젊은이 특유의 통과의례 같은 폭력적 충돌의 경험으로 누그러졌다. 이와 대조적으로 현재의 정책 엘리트 집단은 미국 역사에서 신체적·경제적으로 가장 안전한 세대로 구성되어 있다. 그들은 개인적으로는 고통받았을지 몰라도 앞선 세대들이 그랬듯 집단적으로 고통받지는 않았다. 그들이 비극적으로 사고하지 못하는 것은 이 때문이다. 2021년 늦여름 아프가니스탄에서 미군 철수를 지시할 때, 조 바이든 대통령과 보좌관들은 그 의미에 관해 충분히 비극적으로 사고하지 않았다. 그들은 최악의 시나리오를 고려하지 않았고, 결국 혼돈이 뒤따랐다.

비극을 받아들인다는 것은, 사태가 종종 잘못될 수 있으며 의도하지 않은 결과가 종종 생긴다는 사실을 안다는 뜻이다. 아프가니스탄과 이라크에서 복무한 젊은 참전군인들이 나이가 훨씬 많은 워싱턴의 정책 결정권자들보다 이 사실을 더 잘 알고 있다. 워싱턴의 권력자들은 군복을 입은 적도 없고 전쟁에 관해 보고한 적도 없기 때문이다. 내가 가르치는 입장에서 만난 학생들 가운데 감정적으로 가장 고상한 이들이 사관학교 학생들인 것도 이 때문이다. 20세기 초중반에 유럽에서 미국으로 이주한 지식인들—로버트 스트라우스-후페, 한스 모겐소, 즈비그뉴 브레진스키, 헨리 키신저 같은 이들—은 나름의 인생 경험 덕분에 이런 비극적 감성을 갖고 있었다. 모겐소가 말하듯, "세계를 더 나은 곳으로 만들기 위해서는" 인간 본성의 가장 비열한 힘들에 "맞서는 게 아니라 그것들과 협력해야 한다".[14] 이런 태도는 인류를 진전시키려는 시도와 아무 관계 없는 냉소주의도, 비관주의도 아니다. 세계에는 치유할 수 없는 잘못된 문제가 있기 때문에 영웅은 온갖 간계를 자유자재로 구사해야 한다는 것을 인식하는 비극적 감성이다. 물론 마키아벨리는 이런 견해를 서구 정치사상에 처음 들여온 인물 가운데 하나다.

지정학—어떤 지리적 환경을 둘러싸고 펼쳐지는 공간과 힘의 싸움—은 본래 비극적이다. 세계를 바로잡고자 하는 정책 결정은 그렇지 않다. 하지만 비극적 감성은 숙명론과 투쟁의 융합이기 때문에 성공적인 정치인이라면 둘 다 갖춰야 한다. 오로지 지정학만 믿는 것은 저급하고 냉소적인 것이지만, 지정학과 무관한 정책적 해법을 내놓는 것은 교만하고 순진한 것이다—지도는 실제로 한계를 부과한다. 비극적으로 사고한다는 것은 세계와 국제관계의 모든 측면을 두루 바라보는 것을 의미한다. "삶의 풍부함은 삶의 갖가지 위험 속에 있다"고 이디스 해밀턴은 말한다.[15]

우리는 모두 그리스인들과 셰익스피어 외에도 비극적 감성의 모든 면이나 몇몇 측면을 장대하게 구현하는 작가들을 열거할 수 있다. 『악령』의 표도르 도스토옙스키, 『로드 짐』의 조지프 콘래드, 『다니엘 데론다』의 조지 엘리엇, 『록슬리 홀』의 앨프리드 테니슨 경, 『카사마시마 공작부인』의 헨리 제임스 등은 내가 만든 명단의 일부에 불과하다. 하지만 고대 그리스인들의 명석함에 가장 온전하게 접근하는 글은 소설이나 희곡이 아니라 정치철학 저작이다. 바로 알렉산더 해밀턴과 제임스 매디슨, 존 제이가 쓴『페더럴리스트 페이퍼(연방주의자 논설)』다. 기원전 5세기의 그리스인들과 16~17세기 초의 엘리자베스 시대 사람들이 그랬듯, 18세기 말 미국 공화정의 창건자들 역시 어마어마한 가능성과 희망의 시대에 살았다. 그들은 자신들의 행운—미국혁명 당시 무릅써야 했던 엄청난 개인적 위험과 혼재된—덕분에 새로운 정치적 실험에 내재한 모든 위험을 볼 수 있었다. 오로지 인간의 조건에 관해 비극적으로 사고했고, 그리스 로마 고전에 푹 빠져 있었기 때문에 그들은 낙관주의자들의 나라가 뒤이을 수 있게 했다.

『페더럴리스트 페이퍼』6호에서 해밀턴이 한 말을 들어보자. "인간에게는 야망과 복수심과 탐욕이 있다. 같은 지역에 존재하는 독립적이고 개별적인 여러 나라 사이에서 화합을…… 기대하는 것은 인간사의 변함없는 추이를 무시하고 오랜 세월 동안 축적된 경험을 거부하는 것이다."『페더럴리스트 페이퍼』10호에서 매디슨은 이렇게 말했다. "인간은 상호 적개심에 빠지려는 성향이 워낙 강해 무언가 중요한 일이 있지 않은 경우에도 가장 사소하고 비현실적인 차이점만으로 비우호적인 열정에 불을 붙이고, 가장 폭력적인 충돌을 자극했다.” 매디슨은 계속해서 말한다. “파벌을 낳는 원인은 제거할 수 없고…… 위안이 있다면 그 영향을 통제하는 수단을 찾을 수 있다는 것뿐이다.”[16] 『페더럴리스트 페이퍼』의 유명한 문구들은 이렇게 계속 이어진다. 이 문서는 비극을 막기 위해 비극적으로, 그야말로 끈질길 정도로 비극적으로 사고한 하나의 사례다.

건국의 아버지들은 폭정만큼이나 혼돈에 대해서도 많은 걱정을 했다. 이런 의미에서도 그들은 그리스의 전통을 고수했다. “그리스인들만큼 이성을 소중히 여긴 민족은 거의 없다”고 F. L. 루커스는 말한다. “하지만 그리스인들은 워낙 이성적이었기 때문에 비합리적인 것의 힘을 간과하지 않았다. ……인간 정신의 비합리적 측면을 나타내기 위해 그들은 불멸의 상징인 디오니소스를 창조했다.” 디오니소스는 고뇌하는 무대 합창단과 결합한 “비극의 수호신”이었다. 디오니소스는 각성과 황홀경, 꿈, 환상, 광신, 그리고 궁극적으로는 혼돈의 신이었다.[17] 인생의 많은 시간을 역사책을 읽거나 쓰고 군인이자 종군기자로서 직접 식민지 전쟁을 경험하면서 보낸 처칠은 디오니소스에 관한 통찰을 가지고 있었다. 1898년 수단에서 역사상 최후의 기병 돌격전에 참여한 처칠은 역사적 상상력이 풍부했으며, 젊은 시절에 괴물을 보기도 했다.

그렇기에 그는 영국 지배층 가운데 누구보다 먼저 히틀러를 꿰뚫어보았다.[18] 하버드의 고전학자인 고故 찰스 시걸은 비극이 하나의 예술 형태로 존재하는 것은 문명의 구조들 너머에 존재하는 "삶의 여러 차원을 잊지 않게" 하기 위해서라고 말한다. "삶을 혼돈으로 바라볼 수 있는 고통스러운 가능성"이 없다면 우리의 문명화된 질서는 "아무 쓸모 없고, 자기폐쇄적이고, 유아론적이 될 것"이며, 우리는 자신의 지적인 힘에 대한 오만으로 인해 거만해질 것이다.[19] 비극은 야만과 무정부 상태에서 의미와 질서를 끄집어내려는 분투를 보여준다. 칼라일은 프랑스혁명을 최고의 비극적인 정치 드라마—출구가 없어 보이는 드라마—라고 묘사했다. 프랑스혁명은 "누더기가 된 부패 권력에 맞선 무정부 상태"였기 때문이다.[20]

이번에도 역시 이 광대한 파노라마 안에는 종종 충분할 정도로 영웅적인 개인들, 다수의 개인들이 남아 있다. 셰익스피어에게 그 시대의 으뜸가는 비극적 영웅—당시의 관행이던 범상한 정치와 타협하길 거부한 탓에 결국 교수대에서 생을 마무리한 사람—은 아마도 에식스 백작이었을 것이다. 야심만만하고 카리스마 넘치는 군사 지도자였던 그는 결국 실패했는데, 그 실패는 너무도 비극적이었다.[21]

비극적 감성에 따르면, 죽음만이 기다리고 있을지라도 온갖 역경을 무릅쓰는 개인의 싸움보다 이 세계에서 더 아름다운 것은 없다. 1912년 에스파냐의 철학자 미겔 데 우나무노는 비극적 감성의 뿌리에는 필멸성이 도사리고 있다고 말했다. 그는 사람들이 더는 이교의 신들을 믿지 않았지만 기독교가 완전히 등장하기까지는 한참 남은 고대의 시기, 즉 키케로와 마르쿠스 아우렐리우스 사이의 시기를 구별하는 플로베르를 인용한다. "인간이 홀로 섰던 이 독특한 순간"은 아주 짧았고, 그 무덤 너머에는 내다볼 것이 아무것도 없었다. 그 전이나 후로 인간 정신에서 그러한 "장엄함"은 존재하지 않았다고 플로베르는 말한다.[22] 그리스 시인 콘스탄티노스 페트루 카바피스는 도저히 피할 수 없는 죽음과 패배에 직면한 테르모필레의 그리스 영웅들을 소재로 감동적인 글을 쓴다. 장엄함, 이제 이것이 비극의 본질인 것이다.

비극 해석 가운데 내가 아는 한 가장 권위 있고, 모자람 없이 훌륭한 것은 1944년에 처음 출간된 모리스 바우라의 『소포클레스 비극』이다. 나는 1965년판 페이퍼백을 가지고 있는데, 빛이 바래고 너덜너덜해져서 비닐 커버를 씌워놓고 지금도 틈만 나면 책장에서 꺼내본다. 다른 사람들이 투키디데스를 구석구석 살피듯 나 역시 인용을 하거나 통찰을 얻기 위해서다. 바우라는 이프르와 파스샹달, 캉브레에서 참전했는데, 전기 작가에 따르면 "참호가 무너져서 산 채로 땅에 묻히기도 했다". 그는 "매일같이 죽음을 목격하고 그 냄새를 맡았다". 그는 전쟁과 군사 전략가들을 마음속 깊이 혐오하며 1차대전에서 빠져나왔다. 하지만 그는 언제나 의무를 신봉했고, 따라서 평화주의 또한 혐오했다. 독일을 방문한 길에 어느 대규모 집회에서 히틀러를 목격한 바우라는 옥스퍼드 교단에서 유화론 혐오자가 되었다.[23] 처칠과 마찬가지로 그 역시 악령을 대면한 적이 있었고, 이런 익숙함은 그가 보여준 높은 수준의 사유와 글쓰기에 결정적인 역할을 했다.

삶의 경험 또는 그 경험의 부족은 여러 세대의 학자들을 계속해서 규정한다. 내가 쓴 글들이 조금의 가치라도 갖는다면, 그것은 내가 섭렵한 책들만이 아니라 해외 통신원으로 직접 겪은 여러 장소와 상황의 결과물이기 때문이다. 냉전 시대의 폭압적인 동유럽 공산주의 정권들, 1990년대 라이베리아와 시에라리온의 혼돈, 20세기와 21세기 시리아와 이라크의 폭정과 혼돈 등등이 그것이다. 특히 혼돈은 바로 눈앞에서 속이 뒤집어지는 그 현실을 겪어보지 않는 이상 말로 표현하기 어렵다. 노골적인 물리적 불안의 기억만큼 사람들의 생각을 끌어모으는 것은 없다. 전쟁이 정확히 무엇이고,

카플란의 현명한 정치가

폭정은 어떤 것이며, 혼돈은 무엇인가를 더없이 생생하고 실감 나게 알 수 있다. 나는 바우라가 보여준 통찰과 그의 동시대인들이 보여준 통찰이, 물리적·경제적 불안을 전혀 알지 못하는―그리고 도덕적 굴욕을 겪어보지 못한―오늘날의 많은 학자들이 보여주는 통찰보다 한결 소중하다고 생각한다. 내가 직접 경험한 도덕적 굴욕은 바로 이것이다. 내가 쓴 책이 발칸반도에서 벌어진 대량 학살에 한 대통령이 대응하는 것을 뒤로 미루는 의도치 않은 결과를 낳았다는 것,* 그리고 내가 이라크에서 전쟁을 부추기는 데 일조해서 결국 수십만 명의 죽음을 야기했다는 것. 이런 일들이 누적되면서 나는 수십 년간 잠을 설쳤고, 때로는 엉망으로 망가지다 결국 이 책을 쓰게 되었다(독자 여러분은 이런 불행 때문에 내가 이 책을 쓸 자격을 얻은 것인지 판단하게 되리라).

바우라는 헤겔이나 이디스 해밀턴과 마찬가지로 가장 위대한 비극 작가들은 그리스인들과 셰익스피어라는 걸 알고 있다. 그리고 내가 인용한 모든 학자들과 마찬가지로, 그 역시 그리스와 엘리자베스 시대 비극의 근원에는 "미처 예상하

---

* 1990년대 초 클린턴 대통령은 카플란의 『발칸의 유령들』을 읽고, 발칸 지역의 민족 분쟁이 얼마나 복잡하고 오랜 역사성을 갖는 것인지에 대해 충격을 받고 발칸의 수렁에 빠질 것을 염려하여 군사개입을 하지 않았다.

지 못한 갑작스러운 운의 변화"가 자리하고 있다는 것을 안다. 이런 변화는 "심대한 관심과 동정을 일으키며", 온갖 "두려움"이 끼어들기는 해도 결국 "평안을 제공한다". 하지만 그는 그리스인들과 셰익스피어의 주요한 차이 역시 알려준다. 그리스의 비극 작가들은 신들 앞에 선 인간을 묘사하는 반면, 셰익스피어는 선하고 악한 사람들이 서로 갈등하는 모습을 묘사한다. 그리스인들은 종교적인 반면 셰익스피어는 그렇지 않다. 바우라가 말하듯, "소포클레스의 모든 작품에서 신들은 적극적이고, 심지어 결정적인 역할을 한다. 인간이 저항한다고 해도 신들의 뜻은 행해진다". 하지만 셰익스피어의 작품을 보면 『맥베스』에서 마녀가 등장하고 『햄릿』에서 유령이 나오는 등 초자연적 순간들이 있기는 해도 리어 왕이나 오셀로 같은 인물을 순전히 망가뜨리는 악은 "그들의 별자리가 아니라" 그들 자신의 성격적 결함에 있다. 소포클레스의 작품(아이스킬로스에서는 더욱 그렇고, 에우리피데스에서는 덜하다)에 등장하는 인물은 전형적이며, 따라서 대체로 비슷비슷하다.[24] 하지만 셰익스피어의 작품에는 불가피하게 스스로 불행을 초래하는 개인이 비단 햄릿만 있는 게 아니다. 이아고, 리어, 맥베스, 클레오파트라, 그리고 그의 작품에 등장하는 모든 인물이 마찬가지다. 문학작품에서 이아고보다 더

카플란의 현명한 정치가

실감 나고 독특한 인물이 있을까? 현실의 악마인 그는 용감하고 대담하며 부끄러움을 모른다. 언어와 조종의 진정한 천재인 이아고는 오로지 음모를 꾸며 타인을 무너뜨리기 위해 존재한다. 지구상에서 리어 왕의 딸인 코델리아만큼 선하고 건강한 사람이 있을까? 클레오파트라만큼 열정적인 사람은? 셰익스피어에게 인물은 운명이다. 그리스인들에게는 신들이 운명이듯.

　모든 면에서 볼 때, 그리스인들과 셰익스피어는 전형적인 모든 것과 인간적인 모든 것, 모든 선과 악을 아우른다. 바로 여기에 삶의 전모가 있으며, 그 어떤 것도 비극적 정신의 작동만큼 이런 삶의 전모를 낱낱이 끄집어내지 못한다—그 어떤 것도 운명이라는 기계를 그토록 끔찍하면서도 절대적일 정도로 단순하게 해체할 수 없다. 비극적 정신은 질서가 결국 혼돈에 승리를 거두고 세계가 어느 정도 위안을 찾을 수 있도록 고통을 견디고 참는다.

　고통을 참는 것은 어렵고 불쾌한 진실이지만, 그럼에도 비극적 감성은 이런 진실을 껴안고 살 수 있다. 앞서 말했듯, 비극적 감성은 비극의 경계 너머에 존재하는 이루 말할 수 없는 범죄와는 공존할 수 없다. 비극적 정신은 대단히 현실적인 동시에 대단히 인도적이다. 헤겔이 이해한 것처럼, 비극이 정신에 호소하는 것은 그 자체가 정신의 갈등과 관련되어 있기 때문이다. 신상神像들은 서로 충돌할 때가 아니라 홀로 평온하게 서 있을 때에만 숭고하다.[25] 그리스의 업적은 이것이 모순이 아니라는 것을 우리에게 보여주었다는 것이다.

이 책에서 나는 비극을 피하기 위해 비극적으로 사고해야 한다고 주장한다. 이런 사고를 하려면 그리스와 셰익스피어의 정전들뿐만 아니라 고대인들과 엘리자베스 시대 사람들이 확인한 어려운 진실과 깊은 관련이 있는 근대 서구의 몇몇 정전으로 여정을 떠나야 한다. 가령 19세기 독일인들은 너무도 오랫동안 독일의 다른 모든 문학 장르를 지배한 괴테라는 변화무쌍한 천재와 경쟁하지 않기 위해 철학에 강박적으로 집중했다.

나는 이 여정에서 전통적인 안내자 노릇을 하지 않는다. 내 지식은 수십 년간 이라크부터 루마니아, 시에라리온에 이르기까지 유라시아와 아프리카에서 전쟁과 무정부 상태, 억압을 근거리에서 관찰한 치열한 경험에서—그리고 내 직업적 불행과 실수에서—나온 것이다. 내가 역사와 문학의 위대한 작품들을 탐구하게 된 것은 내가 목격하고 겪은 일들을 이해하려는 충동이 일었기 때문이다. 작가는 소설이라는 가면을 내세워 가공의 인물들이 자신의 실제 믿음을 표현하게 해 보다 쉽게 진실을 말할 수 있다. 그 어떤 정치학 방법론도 그리스인들이나 셰익스피어, 위대한 소설가들의 통찰에 미치지 못하는 것은 이 때문이다. 그리고 그들의 가장 강력하고 심오한 통찰은 모두 비극이라는 도가니 안에 놓여 있다. 비극에는 디오니소스적 혼돈에 맞선 싸움이 끊이지 않는 격변하는 세계를 이해하는 열쇠가 들어 있다.

2장

디오니소스의 시대

영국의 문학비평가 고 토니 태너는 자연의 작용은 "예측 불가능하면서도 피할 수 없다"고 말했다. 코리올라누스의 몰락과 파멸을 묘사하면서 한 말이다. 셰익스피어 최후의 위대한 비극에서 코리올라누스는 야수와도 같은 강한 힘을 지녔지만, 그럼에도 결국 운명이라는 기계에 짓밟힌다.[1] 비극은 인간의 질서가 이런 수수께끼들에 의해 혼란에 빠진다는 인식이며, 따라서 비극적 정신은 자연 속 인류의 자리에 놓인 여러 모순을 다룬다.[2] 그리고 자연 속 인류의 자리, 즉 우리가 오로지 자연 속에서만 존재할 수 있다는 것—기술과 합리적 선택이라는 어떤 고상한 세계에서만 사는 게 아니라—은 우리의 행동과 의사결정이 감정적 충동과 신체적 본능의 영향을 받는다는 사실로 증명된다. 아무리 허세를 떨더라도 우리 스스로는 이런 충동과 본능을 통제하지 못한다.

도스토옙스키와 콘래드가 독자들에게 그토록 큰 충격을 주는 것은 이 때문이다. 도스토옙스키의 『죄와 벌』에서 라스콜니코프뿐만 아니라 많은 인물들이 난잡하고 충동적인 자기파괴 행각을 벌이며 갖가지 환상과 황홀경에 빠지지만, 그래도 우리는 그들의 실재를 결코 의심하지 않는다. 러시아혁명 직전 제네바에 사는 러시아 아나키스트들의 비정상적 세계를 배경으로 한 콘래드의 『서구인의 눈으로』는 정글에 사는 맹수나 다름없는 인간들을 묘사한다. 도스토옙스키와 콘래드—둘 다 서유럽의 경계 너머 출신인 슬라브인이다—는 그리스인들과 비슷한 방식으로 세계를 이해한다. 다만 동방의 영향이 있을 뿐이다. 두 사람은 비합리적인 것에 적절한 자리를 내주지 않으면, 인간 세계—와 그 안에서 벌어질 일들—를 이해할 수 없다는 걸 안다.♦

♦폴란드인인 콘래드는 특히 『죄와 벌』에서 드러나는 것과 같은 도스토옙스키의 러시아적 특성을 몸서리치게 싫어했다. 그리고 『서구인의 눈으로』는 어느 정도 도스토옙스키의 소설에 대한 답변으로 의도한 것이다. 하지만 두 작품에서 비슷하게 드러나는 대단히 중요한 감성을 감안할 때, 이 모든 사정은 다소 아이러니하다.

그리스 극작가들은 수수께끼와 이해 불가능한 것, 비합리적인 것에 경의를 표했다. 니체의 말마따나, 고대의 합창단 자체가 "디오니소스적 각성에 빠진 집단 전체의 상징"으로, 혼돈과 황홀경의 신인 디오니소스를 기리는 연극제에서 그 신을 공공연하게 찬미했다.[3] 그렇다고 그리스인들이 혼돈을 옹호한 것은 아니다. 다만 지평선 바로 너머에 언제나 도사리고 있는 하나의 현실로서 혼돈을 받아들였다. 그리스인들이 보기에 세계가 아름다운 건 자신들이 이 세계를 그토록 현실적으로 받아들일 수 있기 때문이다. 그리고 어떤 시대든 이처럼 혼돈을 인정하는 것이 진지한 문학의 징표다.

셰익스피어를 보라. 『햄릿』 막바지에 노르웨이의 왕세자 포틴브라스는 시체 더미를 둘러보면서 덴마크 궁정이 스스로 "대살육"을 일으켰다고 말한다. 햄릿의 충성스러운 친구 호레이쇼는 똑같은 처참한 광경을 보면서 이렇게 말한다.

……왕자님은 들으시게 될 겁니다
음탕하고 피비린내 나는 천륜을 어긴 행위와
우연한 천벌, 우발적인 살인,
간계와 (술책으로 빚어진) 죽음과,
이번 결말에서 모사꾼의 머리 위에 떨어진

빗나간 목표에 관해.[4]

노르웨이가 덴마크를 탈취하는 대가로 포틴브라스가 질서를 회복하기 위해 움직이면서 연극은 끝이 난다. 여전히 질서는 무엇보다 중요하다. 질서는 문명으로 나아가는 첫걸음이다. 질서가 잡혀야 질서를 덜 강압적으로 만드는 작업을 시작할 수 있다.

하지만 문명에 도달하려면 문명 이전과 그 너머의 세계를 잊어서는 안 된다. 셰익스피어는 바로 이 지점에서, 초기의 서투른 희곡 『티투스 안드로니쿠스』에서조차, 우리의 태곳적 과거—용기와 담력이 잔인함 및 야만과 호환 가능한 시절, 명예를 선언하는 것이 "어느 정도 잔인하고 비정한 행동"의 예고편이 되는 시절—에 대해 알려준다.[5] 이런 식으로 문학은 집단적 기억의 대체재가 된다. 셰익스피어는 로마사의 좀 더 고상한 시대들에 관한 글쓰기로 나아갔다 경력의 막바지에 『코리올라누스』를 내놓으며 인류가 전형에 가까웠던 문명 이전의 광적인 야만의 시대로 돌아간다. 마치 우리가 기원에서 완전히 벗어나기란 절대 불가능하다는 경고로 작품 전체를 마무리하려고 한 듯하다. 근대와 오늘날의 포스트모던은 우리가 생각하는 만큼 인간 본성을 바꿔놓지 못했다.

카플란의 현명한 정치가

히틀러와 스탈린은 근대 산업화가 만들어낸 피조물이며, 트위터와 페이스북의 악플러들과 인터넷 음모론은 탈산업화한 포스트모더니즘의 종족적·종교적 증오에 불을 당긴다. 21세기가 시작된 지 그리 오래되지 않았는데도 우리는 핵으로 무장한 강대국이 2차대전식의 가공할 침략에 나서는 모습을 목도하고 있다.

　문명은 우리의 인간성을 실현하고 폭력성과 단단한 운명의 굴레를 벗어던지기 위해 벌인 투쟁의 최고봉이지만, 우리의 기원을 망각하지 않아야만 이를 이루어낼 수 있다. 하지만 그렇게 하기 위해서는 의도적으로 불안을 길러내야만 한다. 그리고 이 불안의 폭넓은 토대가 되는 것은 혼돈에 대한 존중이다. 비극적으로 사고하지 않는 한 불가능한 일이다.[6]

　불안을 구축하려면 겸손해야 한다. 만약 어떤 사람―또는 어떤 정책 결정권자―이 겸손하지 않다면, 신들이 조만간 그에게 겸손을 강제할 것이다. 그리고 신들이 개인적 깨달음을 강제할 때까지 그가 기다려야 하는 상황이라면, 그 깨달음에는 막대한 고통이 수반될 것이다. 개인적 재앙을 겪기에 앞서 미래에 대해 느끼는 끝없는 두려움 때문이든, 또는 그런 재앙이 닥치고 나서 찾아오는 훨씬 더 큰 고통 때문이든 우리 모두는 결국 초라해진다. 하지만 앞으로 어떤 일이 닥칠지 아무리 조심한다 해도 무수한 인간 상호작용의 결과로 벌어지는 삶의 아수라장 때문에 언젠가 우리는 이런저런 일들에 짓밟힐 게 분명하다. 교만이 일종의 어리석음이라는 것은 바로 이 때문이다.

니체가 탁월한 것은 젊은 시절부터 이런 사실을 직감했기 때문이다. 1872년 니체가 『비극의 탄생』을 출간했을 때 그의 나이는 불과 스물여덟이었고, 자유분방한 영감과 묘사는 젊은이다운 충만을 보여준다. 그에게 그리스 세계는 의도적이고 분명히 표현된 형태를 갖춘 합리적인 "조각가의 아폴론적 예술"과 무정형의 "이미지 없는 디오니소스적 음악 예술"의 경합으로 정의된다. 하지만 디오니소스의 유혹은 도저히 이겨내기 어렵다. 니체에 따르면, 디오니소스의 마차는 "꽃과 화관이 넘쳐흐르고, 멍에 아래에서는 표범과 호랑이가 걸음을 내딛는다. 한껏 자유롭게 베토벤의 〈환희의 송가〉를, 특히 군중이 위엄에 압도당해 흙바닥에 무릎을 꿇는 순간을 변형할 수 있다면, 디오니소스적인 것의 관념에 가까이 다가갈 수 있다". 디오니소스적 혼돈과 황홀경, 도취의 힘을 부정하는 것은, 조물주의 힘을 부정하는 것이다.[7]

디오니소스는 파멸이 아니라 황홀한 수수께끼로 가득한 세계를 의미한다. 따라서 에우리피데스가 표현했던 것 같은 보다 합리적이고 비관적인 세계관의 등장이 아이러니하게도 니체에게는 비극의 종말이 시작되었음을 가리킨다.

아이스킬로스와 소포클레스가 글을 쓴 것은 아테네의 힘이 정점에 달했을 때였다. 반면 에우리피데스는 이후인 펠로폰네소스전쟁 시기에 작품을 썼다. 기원전 5세기 말 그리스 세계가 수십 년간 갈가리 찢어지던 때였다. 에우리피데스는 폴리스의 내부를 파악하고 검토하는 수단으로 전쟁을 사용한다. 그에게 전쟁은 폭력적인 교사다.[8] 에우리피데스의 작품은 정치·군사 지도자들과 인간 행동 일반에 관한 비관주의로 가득하다. 그는 이성이 정념을 이기지 못할 것이며 설득이 폭력을 압도하지 못할 것이라는 사실에 절망한다. 어느 누구도 에우리피데스만큼 디오니소스의 파괴적이고 경이로운 힘을 생생하게 묘사하지 못할 것이다. 아리스토텔레스는 그리스 극작가들 가운데 에우리피데스가 가장 비극적이라고 여겼다. 비록 철학적 개념으로서의 비극은 에우리피데스와 함께 사멸하기 시작했을지라도 그가 연민과 혼돈의 공포를 강조했기 때문이다. "논증과 개념과 수사에 매혹되어" 보편적이고 추상적인 감성을 드러낸다는 면에서 에우리피데스의 호소력은 거의 현대적이다. 하지만 이는 무정부 상태의 힘을 통제할 수 있는 인간 능력에 관한 심대한 비관주의로 이어질 뿐이다.[9] 그러나 원래 비극은 결코 그렇게 어두운 장르가 아니었다. 순수한 비극에서는 싸움에 언제나 목표와 가능성이 있다.

그렇다 해도, 인간이 고통받는 것에 결코 동의하지 않을 분개한 인도주의자 에우리피데스는 인류를 자유롭게 풀어주지 않을 것이다.[10] 그는 『트로이아 여인들』에서 헬레네에게 이렇게 쏘아붙이는 헤카베처럼 운명을 인정하면서도 결코 받아들이려 하지 않는다.

아 둘러대지 마라
어리석은 행동을 신들의 탓으로 돌려 네 잘못을 감추려 하다니
바보들이 네 말에 솔깃할까 걱정이구나.[11]

운명은 언제나 우리 삶에 영향을 미치고 심지어 주기적으로 우리 삶을 결정하지만, 약하고 부정직한 이들만 자신의 불행을 운명 탓으로 돌린다. 여기에 우리의 딜레마가 있다. 우리의 잘못이 단지 일부일지라도(또는 전혀 없더라도) 우리는 도덕적 책임을 받아들여야 한다. 사적인 삶에서도 그렇게 해야 하듯 정책과 정치에서도 마찬가지다. 나는 1980년대의

대부분을 발칸반도 현장에서 직접 뉴스를 전하면서 종족적·종교적 전쟁이 임박한 것을 지면에서 경고했다. 하지만 이런 전쟁이 실제로 1990년대 초에 벌어지고 클린턴 행정부가 인명을 구하기 위해 제때 행동에 나서지 않았을 때, 비난의 화살은 내 글에 쏟아졌다. 대통령이 내 책『발칸의 유령들^{Balkan Ghosts}』을 읽고 너무 낙담한 나머지 결국 아무 행동도 하지 않았다는 이유에서였다. 나는 신문과 방송에서 군사개입을 지지했지만, 그 책은 내가 의도한 것과 정반대의 효과를 발휘했다. 나는 선한 동기로 책을 쓴 것이었기 때문에 이런 결과에 큰 죄책감을 느끼지는 않았지만, 이 일은 평생의 후회로 남았다. 내 의도가 무엇이었든, 언론이 우르르 몰려오기 전인 1980년대에는 내가 기자로서 발칸 지역을 사실상 독점했기에 나는 도덕적 책임을 받아들일 수밖에 없었다.

디오니소스는 운명의 가장 끔찍한 측면을 나타낸다. 디오니소스는 생명력 자체를 구현한다. 생명력은 비옥함으로 가득한 자연 세계에서 활활 타오르며 성격과 행동에 영향을 미치는 인류의 가장 기본적인 생리적 본능 때문에 문명을 너무도 미약한 과제로 만들어버린다. 디오니소스는 복잡한 인물로, 기쁨과 찬미, 폭력과 광기를 아우른다.[12] 그는 사실상 지혜와 이성의 적이다. 하지만 디오니소스에 저항하는 가운데서도, 그가 풀어놓는 광적인 힘은 결코 부정할 수 없다. 이런 싸움에서 디오니소스 신이 승리하는 것이 그리스비극의 중심적인 이야기 중 하나다.◆

에우리피데스는 디오니소스적 광신에 몸서리친다. 하지만 그는 그 힘의 활력과 그 때문에 생겨나는 맹신과 황홀경을 존중한다. 그는 노년에 자진해서 마케도니아의 이국적인 황무지에서 유랑 생활을 하면서 『박코스 여신도들』을 썼다. 그곳은 여자들이 여전히 디오니소스를 숭배하는 지역이었다. "평생 동안 합리주의자"였던 에우리피데스는 여기서 "비합리적인 것의 끔찍한 힘"을 인정한다.[13]

그리스신화에서 박카이, 즉 박코스 여신도들(바칸테 또는 마이나스라고도 불렸다)은 포도주를 마시고 광란에 빠졌다. 여자들은 황홀경에 빠져 숲을 뛰어다니면서 격렬하게 고함을 질렀다. "여자들은 마주치는 짐승마다 갈가리 찢어발기고 피가 뚝뚝 떨어지는 살을 걸신들린 듯 씹어먹었다"고 이디스

◆E. M. 포스터의 『기나긴 여행』에 등장하는 교사는 우연히 디오니소스적 힘을 발견하고 몸서리를 친다. "그는 약간 건강하게 거친 건 인정했지만, 이건 순전한 잔인성이었다. 학생들에게 어떤 일이 닥친 걸까? 그들은 신사의 자식들이 아니었던가? 그는 만약 서로를 이해할 수 있기 전에 인류를 한데 무리 지어놓는다면 위대한 판 신이 분노할 테고, 결국 어떤 규제도 통하지 않는 미치광이들이 되리라는 걸 받아들이려 하지 않았다." (Middlesex, England: Penguin Books, [1907] 1975), p. 189.

해밀턴은 말한다. 어떤 것도 그들을 막지 못했다. 여자들은 아름다움을 공포로, 기쁨을 잔인함으로 뒤바꿔놓았다. 그들은 아시아 출신인 것으로 보인다. 그들은 마케도니아, 리디아*, 프리기아**, 아라비아 등 근동 지역에서 그리스로 이주했다. 로버트 그레이브스의 번역본에서 디오니소스는 멀리 인도까지 여행했다가 프리기아를 거쳐 돌아온 다음 트라키아와 보이오티아로 향했다. 그곳에서 "디오니소스는 키타이론산에서 여는 술잔치에 여자들을 초대했다".[14] 에우리피데스의 『박코스 여신도들』은 이런 구절로 시작한다.

나는 태양이 작열하는 페르시아의 고원과

박트리아***의 성벽과 메디아****의 황량한 국경 지방과

복 받은 아라비아와 아시아의 여러 해안을 거쳤는데……

테바이(테베)는 배워야 한다…… 그들이 거부하는 나의 신

성한 수수께끼를……[15]

---

* 지금의 튀르키예 영토인 아나톨리아반도 서부.

** 아나톨리아반도 중서부에 있던 왕국.

*** 지금의 우즈베키스탄을 중심으로 하는 이란 북쪽의 중앙아시아 일대.

**** 지금의 이란 북서부를 통치한 고대 이란인의 왕국.

격분해서 테러를 벌이는 폭도―코사크의 유대인 박해,
나치의 대중 집회, 세르비아의 강간 수용소, 종파적인 암살
단―에게서는 박코스의 광신과 생명력, 치명적인 열정의 요
소들이 모두 나타난다. 『군중과 권력』(1960)에서 군중이 형성
되는 현상을 고찰한 노벨상 수상자 엘리아스 카네티의 통찰
은 에우리피데스의 연극에 연원한다. 카네티는 군중을 개인성
을 포기하고 집단적 상징에 도취한 사람들의 무리라고 정의
한다. 여기서 파괴의 충동은 궁극적으로 변화된 의식으로 도
피하려는 충동에서 나온다. 황홀경을 향한 욕망은 잠을 향한
욕망과 떼어놓을 수 없다. 에우리피데스는 이렇게 말한다,

포도즙은
우리 가련한 인간의 모든 슬픔을 치료해주니,
포도즙을 실컷 마시고 나면 잠이 찾아오고
그날그날의 고생이 깊은 망각으로 사라지지요.
다른 어떤 약도
그처럼 노고를 치료해주지는 못한다오……[16]

『박코스 여신도들』은 이방인으로 변장한 디오니소스가 테
바이로 와서 자신의 신성을 부정하는 카드모스 왕가에 복수

하는 것으로 시작된다. 카드모스와 눈먼 예언자 테이레시아스는 이 신을 가볍게 볼 정도로 어리석지 않다. 하지만 카드모스의 외손자 펜테우스 왕은 숲에서 광란의 춤판을 벌이는 박코스 여신도들에게 분노한다. 그중 한 명이 자신의 어머니 아가우에이기 때문에 특히 그렇다. 펜테우스는 카드모스와 테이레시아스의 경고에도 불구하고 디오니소스의 섬뜩한 새로운 종교가 퍼지는 것을 막기로 결심한다. 펜테우스의 부하들은 아직 변장한 모습 그대로인 디오니소스를 사로잡아 사슬로 결박한다. 한편 박코스 여신도들은 더욱 격렬해지고 광란에 휩싸이면서 소떼의 살을 말 그대로 갈가리 잡아 뜯는다―분별없는 행동의 궁극적인 예다. 펜테우스는 이제 박코스 여신도들을 말살하겠다고 맹세한다. 하지만 변장한 디오니소스가 펜테우스에게 주문을 걸어 여자 옷을 입히고, 아직 디오니소스의 황홀경에 빠져 있는 아가우에를 비롯한 여신도들이 그를 갈가리 찢어발긴다.

그러나 아가우에는 입에 거품을 물고 눈을 희번덕거리니
디오니소스가 그녀의 영혼을 사로잡았지요.
눈멀고 홀린 그녀는 제정신이 아니었고,
펜테우스의 왼쪽 팔뚝을 낚아채 단단히 잡더니

그의 옆구리에 발을 대고는

어깨를 뜯어냈어요……[17]

　광란 상태의 아가우에는 자기가 죽인 사자의 대가리라고
여기는 것을 들고 의기양양하게 테바이로 돌아온다. 실은 자
기 아들이자 카드모스의 외손자인 펜테우스의 머리다. 카드
모스는 아가우에에게 충격을 주어 황홀경에서 깨어나게 하
고, 아가우에는 자신이 끔찍한 짓을 저질렀다는 것을 그 자
리에서 깨닫는다. 곧이어 디오니소스가 찬란한 신의 모습으
로 나타나고 합창단이 그를 찬미하는 노래를 부른다.
　카드모스는 연극 막바지에 이렇게 인정한다.

　아 디오니소스가 우리를 파멸시켰도다―당연한 일이지만,

너무도 가혹하나니……[18]

　혼돈이 기존 질서에 맞서 승리를 거두는 것을 보면 현실주
의realism가 왜 낭만romance을 제대로 이해해야 하는지를 알 수
있다. 낭만의 본질을 파고들어보면 결국 황홀경과 비합리성
이다. 이 두 가지 역시 현실의 일부다. 따라서 가차 없을 정도
로 합리적이라고 하는 것은 결국 비현실적인 셈이다. 에우리

피데스가 넌지시 말하는 것처럼, 포도주도 건조한 사고만큼 필수적이다.[19] 따라서 위기, 특히 정치적 위기는 정책 결정권자들의 명확한 사고만큼이나 그들이 품은 환상과도 관련 있다는 것을 알 수 있다(중동에 민주주의를 강제할 수 있다는 신보수주의자들의 견해를 보라). 펜테우스가 저지른 최악의 죄는 자신이 모든 것을 안다는 자만심이다. 다시 말하지만, 결국 인간은 운명을 벗어나지 못하기 때문에 싸움을 하려면 운명, 더 나아가 지고한 신을 존중해야 한다. 『박코스 여신도들』의 마지막에서 그리스 합창단이 말하듯, 신들은 인간이 확실하게 여기는 것을 무로 만들어버린다.[20]

이 장면은 특히 우리 시대에 교훈을 던져준다. 중산층의 규칙적인 삶은 세계가 예측 가능하고 우호적이라는 환상을 부추긴다―인도 소설가이자 환경운동가인 아미타브 고시는 이런 "자족감 자체가 일종의 광기"라고 말한다. 지구는 "인류를 장난감처럼 만지작거리면서" 자신의 운명을 만들 수 있는 미심쩍은 자유를 안겨준다.[21] 하지만 현재 수억 명의 인류는 환경적으로 취약한 지형인 열대 해안 지방의 인구밀도가 높은 도시에 살면서 사이클론과 슈퍼폭풍, 해수면 상승에 노출돼 있다. 이 도시들이 언제까지고 이 많은 숫자를 감당할 수는 없다. 슈퍼폭풍을 비롯한 재앙은 기후판 디오니소스다. 지금까지는 주로 인도네시아나 방글라데시같이 경제적 생존의 한계에 자리한 이들이 지구의 디오니소스적 천벌을 받았지만, 이제 섬세하고 위태로운 기반 시설 덕분에 구축할 수 있었던 호화롭고 안전한 도시 구역에 사는 우리 엘리트들도 디오니소스 신이 찾아올 때를 대비하기 위해 비극적으로 사고해야 한다. 코비드19 팬데믹은 하나의 알람 소리에 불과하다. 다른 태도들은 오만(휘브리스)일 뿐이다.

환경적 무질서 외에 사회적 무질서도 존재한다. 겉으로는 유럽인화된 무기력한 천재 헨리 제임스는 세부 묘사가 압권인 『카사마시마 공작부인』에서 상류사회는 알지 못하는 세계, 즉 자신이 밤중에 자주 런던을 산책하다 발견한 지하세계를 보여준다. 이 세계에는 "오만 가지 형태의 혁명적 열정과 헌신으로 똘똘 뭉친 사람들이 산다…… 침묵과 어둠 속에서이긴 해도 우리 각자의 발밑에서 혁명이 살아 움직인다. 깊이를 알 수 없는 경이로운 함정을 덮은 뚜껑 위에서 사회는 터무니없이 돌아간다." 제임스는 "문명의 궤변"을 조심하라고 말한다.[22]

상류사회는 바뀌지 않았고 앞으로도 절대 바뀌지 않을 것이다. 인간 본성과 그 결과로서의 정치적 실존의 더없이 잔인한 사실들에 관해 논의하거나 심지어 생각하는 것조차 회피하게 만드는 것이야말로 사회적 성공의 기능이다. 물론 엘리트들 사이에는 빈민들에 대한 미덕을 과시하는 풍조가 만연해 있고, 사회적으로 크게 출세하려면 인권을 소리 높여 외치는 게 필수적이다. 권태에 빠진 엘리트들은 분명 어리석을 정도로 급진적 대의에 심취할 수 있다. 하지만 지금 나는 그런 이야기를 하려는 것이 아니다. 지금 내가 이야기하려는 건 우리의 미래가 담겨 있는 침묵에 관해서다. 불안한 웅성거림 속에 노동 빈민들이 엘리트 세계의 창문으로 벽돌을 던질 준비를 하고 있는데, 엘리트들은 얼굴에 벽돌을 맞기 전까지는 이를 알지 못한다. 이것이 2016년 선거에서 도널드 트럼프가 거둔 승리가 궁극적으로 의미하는 것이다. 그의 승리는 또 다른 형태로 표출된 디오니소스의 분노다. 부와 사회적 지위를 갖춘 평탄한 환경에서 자랐는데도 헨리 제임스에게는 이런 분노를 읽는 지혜와 기민한 인식이 있었다.

자연과 사회에만 디오니소스적 혼돈이 넘쳐나는 게 아니다. 궁극적으로 자연적·생물학적 과정의 피조물인 인간의 정신에서도 그러하다. 표도르 도스토옙스키만큼 이 점을 직관적으로 이해한 작가는 없다. 『죄와 벌』(1866)의 초반부터 강렬한 혼돈과 생존을 위한 아슬아슬한 싸움이 감정적 실존의 핵심으로 묘사된다. 삶은 고통이다. 소설의 주인공은 미친 듯이 질주하는 생각들의 끊임없는 원천이다. 인간이 처한 곤경에서 그리스인들은 전형을 만들고 셰익스피어는 양심을 발명한 반면, 최초의 근대인들―도스토옙스키, 헨리 제임스―은 의식을 모사하고, 정신이 실제로 작동하는 모습을 보여준다. 그리스인들에게서 시작하여 셰익스피어를 거쳐 이 근대인들에 이르기까지 내면을 향한 여행이 이루어지고, 정전 속 모든 작가의 위대함은 디오니소스 신과 그가 나타내는 모든 것, 무엇보다도 해체를 향한 충동을 알아보는 능력과 관련되어 있다. 도스토옙스키가 『악령』에서 설명하듯, 결국 그런 이유 때문에 "그리스인들은 자연에 도전했다".[23] 그리하여 우리는 도스토옙스키와 콘래드로, 그리고 그리스인들과 두 작가의 정신적 유사성으로 다시 돌아온다. 조지 스타이너의 말을 빌리면, 그들은 모두 무질서를 받아들이고 활용하며, 오로지 절망을 통해 평온을 얻는다.[24] 어떤 식으로든 불안에 시달리며 지속적인 정신쇠약을 겪는 사람이라면 이를 이해할 수 있다.

그리고 현재의 국제 환경을 주목하는 사람이라면 누구나

그리스인들처럼 혼돈을 두려워하고 그에 따르는 인간의 파괴 성향을 인정할 수밖에 없다. 베를린장벽이 무너진 지 30여 년이 지난 지금, 현실 경험이 부족한 우리의 엘리트들은 툭하면 장벽 붕괴가 민주주의와 세계화의 진전으로 이어질 것이라고 큰소리쳤지만, 세계는 극심한 무질서 상태에 있다. 중동의 몇몇 주요국은 혼돈 상태에 빠졌다. 소셜미디어가 종족 간·민족 간·종교 간 분열로 들끓고 있는 와중에 초강대국들―미국, 중국, 러시아―은 해군과 공군에 방대한 규모의 정밀 유도 무기를 증강하면서 노골적으로 전쟁에 가까이 다가서고 있다. 이제 더는 초강대국들끼리 거리낌 없이 전쟁을 벌이는 걸 상상할 수 없다는 이유로 그런 전쟁이 벌어지지 않을 거라고 장담할 수 없다. 역사를 돌아보면 언제나 그런 일이 벌어졌다. 멀리 갈 것도 없이 우크라이나를 보라! 게다가 아프리카를 비롯한 여러 지역에서 무장 반란이 벌어지지만 제대로 보도되지도 않고 무시되는 건 말할 것도 없다. 누구도 그리스인들의 두려움을 부정할 수 없다.

3장

질서: 궁극적 필연

그리스비극의 주요한 속성 가운데 하나는 간결함이다. 작품마다 통찰력으로 가득하다. 니체는 비극이야말로 그리스 최고의 업적이라고 생각했다. 영국의 고전학자 리처드 시퍼드가 가장 잘 설명한 것처럼, 비극의 기원은 "대립하는 두 원리, 즉 디오니소스적 원리와 아폴론적 원리의 종합"에 있다. 디오니소스 신의 정신에 속하는 첫 번째 원리는 사람들 사이에서, 그리고 자연과 도취하고 황홀한 통일을 이루는 영역이다. 반면 아폴론의 정신에 속하는 두 번째 원리는 한계와 형식, 구조의 영역이다.[1] 디오니소스적 원리는 감정적이며 집단의 폭정을 강조하는 반면, 아폴론적 원리는 분석적이며 규율 잡힌 개인의 사고를 강조한다. 디오니소스적 정신은 혼돈을 일으키는 폭정과 관련되어 있는 동시에, 긍정적이고 낭만적일 수 있는 생명력 자체를 나타낸다. 이와 대조적으로, 아폴론적 정신은 가차 없이 불온한 사고로 이어진다. 모든 신 가운데 가장 그리스적인 아폴론은 논리의 보유자이자 진리의 신이기 때문이다. 정념은 분석의 적이고, 분석 역시 정념의 적이기 때문에 디오니소스와 아폴론은 결국 대립한다. 또한 니체는 그리스비극에서 낙관주의와 비관주의가 균형을 이룬다는 사실을 발견했다.[2] 이런 긴장 때문에 비극은 엄격한 사고의 구현 그 자체다. 이런 균형은 종종 우리 정책 엘리트들의 에티켓과 모순된다. 오래전부터 그들이 모인 자리에서는 당면한 쟁점에 관해, 특히 이러저러한 중동 국가의 민주주의 전망에 관해 이야기할 때 실제의 직감과 무관하게 "낙관주의자"를 자임하는 게 도움이 되었다. '낙관주의자'가 되면 그 집단 안에서 도덕적 입지가 높아지기 때문이다. 하지만 아무리 사교에 도움이 될지라도 이런 행동은 체계적이지도, 합리적이지도 않다. 비극은 미덕의 과시를 넘어선다.

비극은 냉전의 종식이 세계적으로 민주주의와 자유시장이 거침없이 확산되는 결과로 이어질 것이라는 태평스러운 가정 역시 넘어선다. 우리가 중국과 무역을 늘리고 중국이 부유해질수록 중국 정부와 사회가 더 자유로워질 것이라는, 사실상 동부 연안의 정책 엘리트들 전체가 견지하는 가정도 넘어선다. 그리고 나토가 중부 유럽과 동유럽 전역으로 확대되면 러시아를 포함하여 자유주의 사회가 보편화될 것이며, 경제적 충격 요법이 러시아에 민주적이고 전면적으로 자본주의적인 사회를 이식할 것이라는, 역시 한때 엘리트들이 품었던 가정도 넘어선다. 몇몇 소수 반대파를 제외하면 워싱턴과 뉴욕의 정책 노멘클라투라 집단 대다수가 한때 이런 입장을 공유했다. 그리고 모두들 비극의 디오니소스적 요소를 무시했다. 심지어 클린턴 행정부 초기에는 잠시나마, 냉전이 끝나면서 이미 지정학이 역사에서 사라지고 지경학으로 대체되었다고 믿는 사람들도 있었다. 물론 결국에는 지정학과 지경학이 하나로 합쳐져 훨씬 더 위험하고 휘발성 높은 가공할 혼합물이 만들어졌지만 말이다. 종족 간·종교 간 전쟁이 발칸반도와 중동, 아프리카를 뒤흔들고, 미국과 중국, 미국과 러시아 사이에 새로운 형태의 냉전이 발발하면서 디오니소스가 복수에 나선 것이다. 실제로 러시아는 블라디미르 푸틴이 몰락한 뒤 민주주의 국가로 새롭게 자리매김할 수도 있다. 하지만 그런 일이 일어난다고 해도, 그것은 외부의 강제가 아니라 내부 동력에 따라 혼란스럽고 유기적인 과정을 거쳐야 가능할 것이다.

아폴론과 디오니소스는 공존하는 동시에 서로 뒤얽혀 있기 때문에 문명과 야만 사이의 긴장은 언제 어디서나 존재한다. 야만은 문명의 변두리에만 국한되는 게 아니라 폴리스의 심장부에도 존재한다.[3] 프로이트가 말한 것처럼, "문명사회는 항구적으로 해체의 위협을 받는다".[4] 제아무리 고상하고 세련된 사회라도 내적 격변과 붕괴의 위험에 끊임없이 시달린다. 사회의 타락이 야만으로 이어질 수 있듯이 침략과 국내 소요, 통상적으로 이루어지는 음흉한 정치적 전개도 그런 결과를 낳을 수 있다. 야만은 언제나 우리 안에 존재한다. 그리고 무정부 상태 1년이 수십, 수백 년의 폭정보다 더 나쁠 수 있다. 사담 후세인이 무너지기 이전과 이후에 오랫동안 이라크를 방문한 내 경험으로 입증할 수 있다.◆ 물론 질서 자체가 억압적, 폭압적일 수 있다. 따라서 폭정에서 벗어나려는 지속적이고 점진적인 변화를 장려해야 한다. 하지만 무턱대고 폭정에 반대하는 것은 이러한 핵심적인 질문을 피하는 셈이다. 질서가 아예 존재하지 않는다면 어떻게 될까? 이라크에서 나는 십자포화의 한가운데에 있었다. 적군이 아니라

◆중세 신학자 아부 하미드 알가잘리도 같은 말을 한 것으로 유명하다.

소규모 민병대 무리들로부터 포격당한 것이다. 시에라리온에서는 숲에 임시로 설치한 바리케이드 앞에서 군복도 제대로 갖춰 입지 않은 술 취한 군인들에게 위협을 받았다. 최악의 정권이라도 정권이 아예 없는 것보다는 덜 위험하고 끔찍하다. 정책 엘리트들은 신념을 사랑하기 때문에 자신들의 신념을 억압할 수 있는 폭정을 두려워한다. 하지만 그들은 돌격소총의 안전장치를 해제해놓고 뇌물을 요구하는 남자들이 차지한 아프리카 도로의 바리케이드 앞에서 흥정해야 하는 경험을 해본 적이 없기 때문에 무정부 상태에 대한 본능적 공포를 느끼지 못한다.

1917년 러시아 대중 또한 무정부 상태와 그 결과에 대한 본능적 두려움이 결여되어 있었다. 그들은 차르 니콜라이 2세의 폐위와 더불어 혁명이 승리로 끝났다고 믿었고, 중세적이고 폭압적인 로마노프왕조가 러시아에 존재하는 유일한 질서였다는 사실을 깨닫지 못했다. 왕조가 무너지자 국가와 사회제도는 완전히 붕괴했고, 결국 몇 달 뒤 볼셰비키 쿠데타가 일어나 수십 년간 수천만 명이 살해되고 노예화되는 결과로 이어졌다.

실제로 질서가 자유보다 앞선다. 질서가 없으면 누구도 자유나 자유권을 누릴 수 없기 때문이다. 미국의 베이비붐 세대와 이후 세대들은 이런 발상을 제대로 이해하지 못한다. 인류 역사에서 신체적·경제적 안전을 두루 누리면서 성장한 첫 번째 세대이기 때문이다. 그들은 경험이 부족해 안전이 담보되지 않는 삶이 어떨지 알지 못한다. 질서를 너무도 당연하게 여겨 질서를 덜 억압적으로 만드는 데에만 관심을 보인다. 다시 말해, 현재 우리 세대는 비극적으로 사고할 수 있는 상태가 아니다.

하지만 인류 역사에서 이전의 모든 세대는 질서에 집착했다. 질서가 없으면 옳고 그름을 분별할 수도 없고, 죄인과 무고한 사람을 구별할 방법이 없다. 따라서 자유가 존재하지 않을 뿐만 아니라, 홉스의 유명한 말처럼, 정의도 있을 수 없다. 셰익스피어가 군주정을 가장 자연스러운 정부 형태로 여긴 것도 이 때문이다. 오늘날에도 아랍 세계에서 가장 안정되고 문명화된 체제는 전통적 군주정이다. 민주주의를 만들려는 대부분의 시도는 실패하고 세속적 독재가 역사적 정당성의 부재를 극단적인 형태의 잔인함으로 보충한 것을 감안하면 그렇다. 시리아와 이라크의 바트당 정권, 리비아의 카다피 정권을 보라.

군주정이 작동하는 것은 결국 전통이 가장 중요하기 때문이다. 알베르 카뮈가 설명하듯, 전통이 제공하는 "영원한 해답과 주석"은 신성하다.[5] 우리에게 다른 것은 없다. 결국 의식儀式이란 무엇인가? 행진하는 악대를 앞세우는 영국 왕과 여왕의 대관식, 미국 대통령 취임식은 무엇인가? 영국 비평가 고 토니 태너는 그것이 결국 질서를 강화하는 "권력과 위계의 신비스러운 집합체"라고 말한다. 권위에 필요한 경외감은 정당성에서 나온다. 셰익스피어의 『율리우스 카이사르』에서 카이사르가 독재자가 되었다고 그를 살해하는 호민관들은, 태너의 말을 빌리자면, 그의 "의식적ceremonious" 측면을 없애 그를 의심할 여지 없이 "가련하고, 갈림길에 선, 오류를 범하기 쉬운 물리적 존재로서의 몸으로" 돌려놓는다. 하지만 자유를 추구하는 이들은 카이사르를 죽임으로써 무정부 상태로 나아가는 길을 닦을 뿐이다. 결국 잔인무도한 살인이 더 많이 벌어진 뒤 로마의 다른 독재자가 나타나서 질서를 회복하고 의식도 되살린다.[6]

오늘날 우리는 카다시안의 요란함과 트럼프 대통령 시절의 타락이 판칠 뿐만 아니라 의식이 퇴색된 시대에 살고 있다. 정부와 노동, 종교에서, 그리고 사회적·성적 관계에서 위계가 무너지고 제도가 약화되는 시대다. 물론 위계는 불공정하고 억압적일 수 있다. 하지만 위계를 해체하면 새롭고 더 공정한 위계를 세울 책임이 생긴다. 질서의 문제가 여전히 가장 중요하기 때문이다. 많은 그리스비극의 줄거리를 보면, 어떤 행동을 통해 질서가 무너져서 광기와 무질서가 생겨났다가 결국 질서가 회복된다. 인류 역사를 통틀어 언제나 이랬는데, 왜 이 양상이 지속되지 않겠는가?

문학에서 이 문제에 처음으로 천착한 그리스인은 아이스킬로스였다. 아이스킬로스는 일흔을 눈앞에 둔 기원전 5세기 중반에 『오레스테이아』 3부작을 썼다. 고전학자 F. L. 루커스는 아이스킬로스를 "마라톤의 엄격한 늙은 병사, 다소 초연한 귀족 …… 폭정과 무정부 상태를 똑같이 혐오하는 아직 타락하지 않은 아테네인"이라고 부른다.[7] 또 다른 고전학자 리처드 러더퍼드는 『오레스테이아』 3부작이 "피의 복수와 가족 간의 야만적인 충돌이라는 어두운 세계와, 법치가 중요한 자리를 차지하는 사회 사이의" 대비를 극화한다고 말한다.[8] 아이스킬로스는 마음속으로는 민주주의자이지만, 무정부 상태의 위험성이 상존한다는 것을 인정하기 때문에 무엇보다도 분석가다. 그리고 분석은 그리스비극에서 중심을 차지하는데, 그것은 곧 정념을 냉정한 시각에서 묘사하는 것이다. 디에고 벨라스케스의 그림에 담긴 특별한 극적 효과의 밑바탕을 이루는 냉정한 거리 감각과 비슷하다.

『오레스테이아』 3부작의 배경은 펠롭스의 아들로 형 아트레우스의 부인을 유혹하는 티에스테스의 이야기에서 시작된다. 아트레우스는 보복으로 티에스테스의 아들 둘을 죽이고 그 살로 음식을 만들어 그 사실을 알지 못하는 티에스테스에게 저녁으로 내놓는다. 자신이 먹은 음식의 정체를 안 티에스테스는 아트레우스 일족을 영원히 저주한다. 그 저주는 아트레우스의 아들인 아가멤논 왕에게 내려진다. 아가멤논이 트로이아(트로이)를 치기 위해 모은 군대에 유리한 바람을 보내주는 대가로 여신 아르테미스에게 희생 제물로 딸 이피게네이아를 바치기로 결정하면서 그의 운명은 확정된다. 남편이 한 일을 알고 격분한 아가멤논의 아내 클리타임네스트라 왕비는 왕이 트로이아에서 승리를 거두고 미케네로 돌아온 직후 티에스테스의 아들이자 자신의 정부인 아이기스투스와 함께 욕조에 있던 아가멤논을 도끼로 살해한다.

3부작의 두 번째인 『코이포로이(제주祭酒를 바치는 여인들)』는 클리타임네스트라의 시녀들을 가리킨다. 죄책감에 사로잡힌 왕비는 시녀들을 보내 죽은 남편의 넋을 달래는 제삿술을 바치게 한다. 몇 년 뒤, 아가멤논과 클리타임네스트라의 아들 오레스테스가 외국에서 미케네로 돌아와 아버지를 추모하러 무덤을 찾는다. 그는 무덤에서 누이 엘렉트라를 만나고, 두 사람은 함께 어머니와 그 정부에게 복수하겠다고 맹세한다. 이후 오레스테스는 두 사람을 살해한다. 이제 자식 세대에서 악행으로 더럽혀진 피를 묻힌 것은 클리타임네스트라가 아니라 오레스테스다. 자연의 법을 거스르는 모친 살해에 복수의 여신들이 그를 쫓는다. 오레스테스는 그리스 북부로 도망쳐 카스토리아를 창건한다. 카스토리아는 걸핏하면 잿빛 하늘이 드리우고, 바짝 마른 포플러 낙엽이 수북하며, 산이 눈으로 뒤덮여 있는 곳이다.

3부작의 마지막인 『에우메니데스(자비로운 여신들)』에서 오레스테스는 복수의 여신들을 피해 카스토리아에서 아폴론 신전으로 간다—뱀 머리를 한 할망구 여신들은 손윗사람들에게 죄를 저지른 젊은이를 괴롭힌다. 델포이의 예언녀는 오레스테스에게 아테네로 가서 어머니를 살해한 죄로 재판을 받으라고 명령한다. 오레스테스는 아테네에서 죄를 인정한 뒤 무죄로 풀려나고, 복수의 여신들은 아테네에 남아 "자비로운 여신들"로 통치하도록 설득당한다. 정의가 승리하고, 마침내 폭력의 순환이 끝난다. 정념은 무질서로 이어지지만 결국 질서가 승리한다. 하지만 이런 정의를 뒷받침하는 데 도움이 된 것은 세속적 권력에 대한 두려움이다. 이것은 익숙한 이야기이지만, 『오레스테이아』 3부작은 이 내용을 최초로 풀어낸 대서사시다.

물론 『오레스테이아』의 줄거리와 그 해석은 내가 설명한 것보다 훨씬 복잡하다. 장대하면서도 세밀한 해석을 원한다면 로버트 그레이브스의 『그리스신화』 2권(1955, 1960)을 보라. 그 외에 2,500년 전의 관객들 앞에서 이 작품들이 무대에서 처음 상연됐을 때 얼마나 생생하고 눈부셨을지도 기억하라. 아가멤논의 무덤을 두드리는 자식들, "무덤 속 살해된 군주를 일깨우는 합창단의 격렬한 주문", 고르곤 같은 복수의 여신들을 마주 보는 금발의 아폴론, "마지막의 횃불 행렬"을.[9]

셰익스피어 역시 질서에 집착한다. 고대 로마를 무대로 한 낡은 "모방물"인 그의 첫 번째 작품 『티투스 안드로니쿠스』를 보라. 해럴드 블룸에 따르면, 이 작품은 어떻게 보면 『오레스테이아』보다도 "훨씬 이전의" 것으로 보인다.[10] 하지만 『티투스 안드로니쿠스』는 나름의 가치가 있다. 『오레스테이아』에서 그렇듯, 다름 아닌 인간의 정념과 실수 때문에 질서는 금세 거대한 폭력의 광대극으로 전락한다. 인물들마다 차례로 도살되면서 "호랑이가 우글거리는 황야"처럼 살인과 처형, 사지 절단이 횡행하다 마침내 평화와 질서가 회복된

다.[11]

내가 너무 빤한 이야기를 장황하게 하는 걸까? 현대문학이 이 모든 질문을 무시하고 사랑과 성적 관계, 직업과 계급상의 긴장, 갖가지 형태의 개인적·심리적 드라마만을 다루는 경향을 압도적으로 보인다면, 그렇지 않다. 질서는 우리가 숨 쉬는 공기처럼 너무도 당연시되고 흔히 무시되기 때문이다—우리의 중산층 세계와 다른 나라의 동료 엘리트 세계에는 예측 가능한 통제된 삶 이외에 다른 형태의 삶을 경험해본 이가 거의 없는 탓이다. 한동안 팬데믹 때문에 우리의 삶은 더욱 통제되었다. 참전 군인이나 해외 통신원, 이민자를 제외하면, 대다수 사람들은 그저 상상을 통해서만 무질서를 알고 있다. 하지만 많은 나라, 심지어 러시아나 중국, 브라질 같은 큰 나라들에서도 질서는 여전히 정치 이면의 근본적인 문제로 남아 있다. 미국에 사는 우리도 스스로 믿는 것과 달리 그렇게 안전하지 않을지 모른다. 우리의 민주적 질서는 근대 초반의 잉글랜드로부터 물려받은 철학적·제도적 유산으로, 잉글랜드가 마그나카르타에서 여성 참정권까지 올라서는 데는 700년이 걸렸고 그 사이에 왕조 간의 폭력적인 싸움이 여러 차례 벌어졌다. 우리가 아랍 세계에서 벌인 어리석은 일들이 보여주듯, 민주주의 전통은 하룻밤에 세워지지 않는다. 우리가 딛고 선 토대가 세워지는 데는 수백 년이 걸렸고, 이 토대는 우리가 믿는 것보다 훨씬 허약하다. 지나치게 당파적인 우리 언론과 정당의 모습을 보면 분명하게 알 수 있는 사실이다. 이런 불안정을 인식하는 작품이야말로 가장 심오한 문학이다.

그래서 이제 다시 조지프 콘래드의 『서구인의 눈으로』로 돌아간다. 책 속 작가의 말에서 콘래드는 인간 공동체가 종종 "흉포하고 우둔한 독재 통치"와 "마찬가지로 우둔하고 잔혹한" 유토피아적 이상 사이를 비극적으로 오락가락했다고 말한다.[12] 두 극단 사이에서 균형을 이루는 것은 매우 어려운 일이었으며, 그것은 정치적 예술 작품을 고통스럽게 창조해내는 일이기도 했다.

괴테는 "무질서를 혐오했다"고 조지 스타이너는 언급한다. "불의는 일시적이고 고칠 수 있는 반면 무질서는 인간 진보의 가능성 자체를 파괴하기" 때문에 괴테는 "불의를 선호했다". 물론 스타이너도 지적하듯, "개별적인 불의의 사례는 전반적인 질서의 가식을 확인시켜준다". 어쨌든 "부패상을 입증하는 데는 햄릿 하나로 충분하다".[13] 이것은 심지어 민주적인 국가에서도 그 불완전성에 맞서는 지식인과 언론인들의 분노가 존재하는 이유를 설명해준다. 그리고 이런 분노는 민주주의가 대외관계에서는 타협하더라도 국내에서는 탄압으로 후퇴하지 않게 막아준다. 지식인들은 해외에 대해서는 별로 동정심이 없기 때문이다. 인간의 조건을 통찰한 앤서니 트롤럽이 『피니어스 핀』에서 깨닫는 것처럼, 문제는 관료적 책임에서 벗어나 있어 "현존하는 악폐에 독설을 퍼붓는 것"이 아주 편리한 입장이라는 점이다.[14] 이런 지식인들은 어려운 선택의 기로에서 늘 벗어나 옳음의 편에 서며, 따라서 도덕을 불변하는 절대적인 것으로 여긴다.

알베르 카뮈는 예외였다. 그는 질서를 소중히 여겼다. 그는 자신의 걸작 중 하나인 『반역자』에서 "반역 행위는……명료함과 통일성을 요구하는 것처럼 보인다"고 말한다. "가장 기본적인 형태의 반역은 역설적으로 질서에 대한 열망을 표현한다." 더 나아가 그는 이렇게 말한다. "신의 옥좌가 전복되는 순간 반역자는 자신이 기존의 상태에서 그토록 헛되이 찾던 정의와 질서와 통일을 창조함으로써 신의 몰락을 정당화할 책임이 이제 자신에게 주어졌음을 깨닫는다."[15] 국왕과 폭군을 몰락시킨다고 해서 언제나 반란이 도덕적으로 정당화되는 것은 아니다. 더 나은 계획을 발전시키는 게 아니라면, 중동에서 질식할 것 같은 독재를 무너뜨리는 것 그 자체는 도덕적 행동이 아니다. 저항 세력은 낡은 질서를 더 정의롭거나 적어도 보다 온건한 새로운 질서로 대체해야 한다. 공산주의가 결국 정당성을 갖지 못했던 것은 자본주의 질서가 사멸했다고 선언하기만 하면 새로운 이데올로기가 자기만의 도덕적 세계를 발전시킬 것으로 기대했기 때문이다. 하지만 이런 세계는 분명히 실패로 끝났다. 여기서 카뮈의 철학은 전통적인 정치력과 제휴하며, 종종 자기도취에 빠져 반역을 찬미할 뿐 질서의 복원과 연결되지 않는 지식인들과 대립한다.

폭정은 진공 상태에서 작동하지 않는다. 아무리 폭정이라고 해도 종종 최소한의 일정한 대중적 지지를 기반으로 이루어진다. 카뮈에 비해 미국의 경험치는 이런 진실을 잘 알지 못한다. 카뮈의 악몽은 반란이 기존의 폭정보다 훨씬 극악한 폭정으로 이어질 수 있다는 것이다. 하지만 그가 말하듯, 스키타이의 황무지에서 프로메테우스가 제우스에 반기를 든 이래 반란은 인류의 독특한 특징이었다. 사람들이 처음으로 노예가 된 이래로 반란은 인간의 조건에 포함되었다. 아랍의 봄 초기에 튀니지와 이집트에서 무너진 부패하고 비열한 정권들은 개혁의 전망을 거의 찾아볼 수 없는 역겨운 개인숭배가 특징으로, 국민들에게서 존엄을 앗아가 결국 그들이 노예처럼 느끼게 만들었다. 지도자의 얼굴이 그려진 거대한 포스터들은 하나같이 국민에게 그들은 무가치한 존재라고 말했다. 하지만 폭정에 맞선 반란이 자연스러운 반면, 새로운 질서를 세우는 것은 그렇지 않다. 질서는 우리가 당연하게 여겨야 하는 것이 아니다. 카뮈는 이런 깨달음을 설명하는 데 책 한 권을 할애했다.

카뮈는 관련된 에세이에서 자신의 논지를 분명히 하기 위해 허먼 멜빌이 마지막으로 쓴 위대한 이야기『빌리 버드』가 다른 어떤 것보다 질서의 비극적 필요성에 관한 논평이라며 극찬한다. 카뮈가 설명하듯, "비어 함장은 자신이 끔찍이 사랑하는 멋쟁이이자 순진한 젊은 수병에게 사형을 선고하면서 자신의 마음을 법에 바친다. 동시에 늙어가는 멜빌은 몇몇 그리스비극과 견줄 만한 이 흠 없는 이야기를 통해, 질서를 유지하고 수병들이 탄 배가 미지의 수평선을 향해 계속 나아갈 수 있도록 아름다움과 순진무구함을 희생시키는 것을…… 자신이 받아들였음을 보여준다".[16]

『모비 딕』과 마찬가지로『빌리 버드』역시 성서와 관련이 있는데, 구약과 신약이 멜빌만큼 밀도 있게 분석적이면 좋을 것이다. 빌리 버드는 말을 더듬는 귀여운 수병으로, 심각한 범죄를 저질렀다는 허위 고발을 당하고도 자기 입으로 스스로를 변호하지 못하고 결국 좌절한 나머지 주먹을 휘두른다. 비어 함장은 외친다. 허위 고발을 한 이는 "하느님의 천사에게 맞아 죽었다. 하지만 천사를 교수형에 처해야 한다!" 그러지 않으면 폭동이 일어나기 때문이다. 이것은 민간인의 생활과는 거리가 멀지만 엄격한 질서를 유지하는 데 생존이 달린 문화―나폴레옹전쟁이 한창인 때의 영국 함정―다. 그리하여 비어 함장은 고통스럽고 유감스럽지만 필연성을 인정한다. 이후 빌리 버드의 처형은 예수의 십자가형을 연상시킨다. "여기 있는 우리는 궤변가나 도덕론자 노릇을 하는 게 아니며, 이 사건은 현실적인 문제이므로 계엄령에 따라 현실적으로 다뤄야 한다."[17]

멜빌은 비어 함장의 목소리를 빌려 계속 말한다. "우리가 차고 있는 이 배지가 자연에 대한 우리의 충성을 증명하는가? 아니다. 국왕에 대한 충성을 증명한다…… 우리는 명령에 따라 싸우며…… 어떤 경우 법이 아무리 비정하게 작동한다 하더라도 우리는 법을 지키고 집행해야 한다…… 따뜻한 가슴이 차가워야 하는 머리를 배신하게 두어서는 안 된다."[18]

멜빌의 천재성은 그 또한 마음속으로는 불의에 눈물을 흘리면서도 결국 처형을 분명하게 정당화한다는 것이다. 그는 세계에 어떻게 해도 바로잡을 수 없는 잘못이 있다는 것을 알고 있다. 그리하여 그는 근대인들 가운데 가장 그리스적인 인물이 된다.

멜빌의 태도를 숙명론—잔인함과 비정함에 두 손 들어 굴복하는 태도—과 혼동해서는 안 된다. 관료적 권력을 휘두르지 않는 이들만이 그런 비난을 하는 호사를 누릴 수 있다. 권력의 자리에 있는 사람들은 선서한 대로 행동해야 한다. 그렇기 때문에 카뮈의 말마따나 이상적인 비극은 "무엇보다도 (이런) 긴장"에 관한 작품인 것이다. 프로메테우스를 "무자비하게 억누르는" 제우스가 "자기 입장에서는 옳다"는 것을 유념하라.[19]

이런 어려운 현실에 만족하지 못하는 대중, 특히 언론은 이런 질문들이 분명하게 도덕적으로 해결되어야 한다고 요구하지만, 대개 그런 해답은 존재할 수 없다.

카플란의 현명한 정치가

4장

부당한 것일지라도
질서와 필연에
묵묵히 따라야 한다

『비극의 탄생』이 출간됐을 때, 스물여덟 살의 니체는 이미
몇 년 전부터 바젤대학교 교수로 재직 중이었다. 이 책이 논
쟁을 야기한 것은, 니체가 디오니소스적 혼돈과 아폴론적 형
식의 숭고한 융합이라고 한 그리스비극의 기준을 들어, 19세
기 말 독일의 자기만족적인 합리주의를 맹렬히 비판했기 때
문이다. 젊은 니체는 약간 충동적이었지만, 이미 불편한 진실
로 교란을 일으키는, 자신의 트레이드마크와도 같은 능력을
발전시키고 있었다. 그는 그리스인들만큼이나 교란에 능했
다. 그는 티탄족 프로메테우스가 보이는 불굴의 정신이 우리
의 동정심을 불러일으키긴 하나 제우스가 그를 끝없이 괴롭

힌 것이 완전히 잘못된 일은 아니라고 설명한다. 그 목적이 아무리 고귀하더라도 프로메테우스는 제우스의 통치에 도전했고, 제우스는 (그의 해석에 따르면) 독수리가 사슬에 묶인 프로메테우스의 간을 계속 쪼아 먹게 할 마땅한 권리가 있었다. 그리스인들을 위대하게 만드는 것은 우리를 무기력하게 만드는 바로 그런 통찰이라고 니체는 말한다.[1]

헤겔에 따르면, 진정한 비극은 "신과 같아서" 만족을 주지 못한다. 이런 비극은 언제나 양쪽 주장을 둘 다 "정당하다"고 제시하기 때문이다. 양쪽 모두 나름대로 자신의 목적을 추구해야 할 "필연성"에 묶여 있다. 아이스킬로스가 『아가멤논』에서 말하는 것처럼, 사실 우리가 하는 대부분의 행동은 "필연의 굴레에 매여 있다".『리어 왕』에서 켄트는 "우리의 상태를 다스리는 것은 별, 저 하늘의 별"이라고 말한다. 우리는 종종 우리가 해야 하는 일, 또는 해야 한다고 생각하는 일을 한다. 우리가 모든 일을 자유롭게 선택하고 결정한다는 것은 포스트모던의 망상이다. 우리는 언제나 무수한 제약에 처한다. 자기계발 산업에 따르면, 우리 대부분이 가지고 있다는 자유를 일부나마 누리는 것은 오로지 독립적으로 살 수 있는 부자들뿐이다.

필연의 굴레에 묶인 우리는 서로 싸울 수밖에 없다. 정의는 우리 각자의 권리 주장에 담긴 "일면성"에 반대하고, 따라서 양쪽 모두의 시각에서 상황을 볼 때에만 존재한다. 비극은 최종 심판과 비슷할 수 있다. 대법원은 당파성 때문에 타락하지만 않았다면 서로 화해 불가능한 권리 주장을 하는 사람들의 운명을 결정하는 가장 고차원적인 논증을 제시할 수 있기 때문이다. "비극의 갈등이 정신에 호소하는 이유는 그 자체가 정신의 갈등이기 때문"이라고 헤겔은 말한다. 우리는 평온하게 홀로 선 그리스 조각상에 묘사된 대로 신들의 모습을 상상하지만, 비극은 신들이 끊임없이 충돌하는 모습을 보여준다. 신들은 비록 "본성은 신성"하지만 종종 "서로 적수로 만난다".[2] 인간 본성을 거울처럼 반영하는 신들은 서로 갈등으로 치달을 수밖에 없다.

신들이 아무리 정의롭지 않은 행동을 하더라도 우리는 그들을 공경해야 한다. 모리스 바우라는 신들이 오이디푸스를 부당하게 대한다―그가 태어나기도 전에 끔찍한 운명을 정한 뒤 자비 없이 그 운명을 부과한다―는 생각은 현대인의 독단이라고 말한다. 바우라는 "이런 견해는 소포클레스가 원래 품었던 생각이 아니다"라고 담담하게 말한다. 소포클레스는 인간이 신을 판단할 수 없다고 믿었는데, 그것은 헤라클레이토스도 말했듯, 신들은 "아름답고 정의로운 모든

것"이기 때문이다.[3] 따라서 인간은 신들에게 도전하면 벌을
받는다.

한 차원에서 보면 숙명론이지만, 더 높은 차원에서 보면
오만을 경계하고, 세상에는 언제나 우리가 알지 못하는 일과
상황이 존재하기 때문에 겸손해야 한다고 가르쳐주는 것이
다. 우리가 알지 못하는 신들의 수수께끼는, 가령 워싱턴의
정책 결정권자들은 알지 못하는 머나먼 나라와 장소에서 벌
어지는 사실들의 은유적 징표이며, 이러한 사실들은 그들의
정책을 뒤집어버린다. 정책 결정권자들을 겸허하게 만드는
것은 비단 이라크와 아프가니스탄만이 아니다. 나이지리아
와 남아공, 에티오피아 등 오랫동안 진전을 이루고 있어 좋
은 투자처라고 평가되지만 이런저런 기준에서 내란이나 전
쟁, 실패한 국가 상태로 전락한 나라들 역시 마찬가지다. 오
이디푸스처럼 우리도 우리 자신의 지식이 불완전하다는 것
을 알고 나서야 현명해진다. 바우라가 말하듯, "우리에게 마
음의 평화를 안겨주는"것은 우리가 모든 것을 알고 지배할
수 없다는 무기력함이다. 우리 가운데 예외적으로 크나큰 권
력의 자리에 오른 이들은 금세 자기 동료들 및 신들과 직접
충돌한다. 그리고 언제나 신들은 결국에는 어떤 결정적인 방
식으로 겸손하지 않은 이들에게 승리를 거둔다. 비극은 주인

공이 자신이 중요한 존재가 아니라는 걸 깨달을 때에만 끝난다. 그리스인들은 가차 없이 이 점을 못 박는다. 그들은 "현대인의 감성이 움찔할 정도로 극심한 고통을 묘사한다".[4]

우리 자신이 중요한 존재가 아니라는 걸 깨닫는다는 것은 패배주의나 비겁함이 아니다. 오히려 정반대이다. 다시 말하지만, 아무런 위대한 성과를 낳지 못해도 행동하는 것, 용감하게 행동하는 것은 인간의 장엄함에서 궁극을 이루며 비극이 어떤 것인지를 상기시켜준다. 쇼펜하우어는 잔인한 말로 이 점을 짧게 요약한다. "희망이 없는 자는 두려움도 없다."[5] 쇼펜하우어는 이를 절망이라고 부르지만, 절망과 장엄함 사이에는 미세한 차이가 있을 수 있다. 처칠은 2차대전의 결정적인 순간들마다 두 가지 모습을 보여주었다. 1938년 뮌헨에서 합의된 유화정책*은 언뜻 합리적 결정처럼 보였음을 기억하자. 적어도 불과 20년 전에 수백만 명의 목숨을 앗아간 유럽 차원의 전쟁이 또다시 벌어지는 것을 지연시켰기 때문이다. 본격적으로 전쟁이 시작됐을 때 처칠은 이런 사실과 자

---

* 1933년 히틀러가 권력을 잡은 뒤 독일은 재무장에 박차를 가하면서 라인란트에 진주하고 오스트리아를 점령했으며, 체코의 수데테란트를 독일에 귀속하겠다고 을러댔다. 이런 적극적인 움직임에도 영국의 체임벌린은 묵인 또는 타협으로 일관하면서 나치 독일과 충돌을 피하고자 수데테란트를 독일에 양도하는 내용의 협정을 1938년 9월 뮌헨에서 체결했다.

기 나라의 많은 약점을 더없이 잘 알았지만, 환상을 전혀 품지 않은 채 필연에 따라 행동했다. 그 전까지 유화정책은 그의 당당한 자부심에 대한 모욕이었다. 그는 눈이 머는 일 없이도 오이디푸스가 알았던 사실이 현실에서 어떻게 구현되는지 알았고, 자신을 짓누르는 세계의 엄청난 무게를 순순히 받아들였다. 그는 신들 앞에서 자신은 중요한 존재가 아니라는 걸 아는 듯했다. 처칠에게 행동할 능력을 부여한 것은 자신이 방향을 바꾸는 세계의 정지점에 서 있다고 믿는 이런 내적 평안이었다. 그는 비극적으로 사고한 덕분에 비극을 피할 수 있었다. 처칠의 위대함이 발휘된 것은 특히 미국이 전쟁에 뛰어들기 전 영국이 뮌헨과 진주만 사이에서 홀로 버티던 시기였다.

비극은 숙명론이 아니며 절망도 아니다. 스토아학파의 정적주의와도 무관하다. 비극은 이해다. 비극적으로 사고하는 사람은 자신의 모든 한계를 깨달으며, 따라서 보다 효과적으로 행동할 수 있다. 신들이 서로 싸우는 것처럼 남녀 인간도 신들에 맞서 싸우며, 따라서 운명과 인간의 행위는 서로 뒤얽힌다. 인간이 충분히 비극적으로 사고하지 않을 때 종종 운명이 승리를 거둔다.『일리아스』가 전쟁을 다룬 가장 위대한 작품인 것은 신들과 인간들이 벌이는 교묘한 책략의 연대기를 작성함으로써 왜 인간사가 그렇게 펼쳐지는지 설명하려고 하기 때문이다. 호라티우스에 따르면, 궁극적으로는 오로지 신들만이 가장 어려운 상황을 해결할 수 있지만, 이 과정을 돕기 위해서는 인간의 행위가 필요하다. 그리고 정확히 어떤 시점에 신들이 개입해야 하는지 알기란 불가능하기 때문에 인간은 설령 더 높은 차원에서 기계장치가 작동하는 걸을 알면서도 계속 싸워야 한다. 그 고차원의 기계장치는 다름 아니라 인간의 질서를 넘어서는 형태의 질서이다. 부당하게 보일지 몰라도 필연이라고 받아들여야 한다.

20년에 걸친 미국의 아프가니스탄전쟁은 운명과 인간 행위 사이의 투쟁을 극적으로 보여주었다. 조지 W. 부시 대통령은 탈레반이 9·11 테러범 체포에 협조하지 않자 아프가니스탄을 침공했다. 이후 독창적 작전과 최소한의 군사력으로 탈레반 정권을 무너뜨렸다. 우리 지도자들은 아프간 사람들이 1980년대에 소련인들에게 어떤 굴욕을 안겼는지 아는 것처럼 보였다. 탈레반 정권이 무너지고 나서야 미국의 방위·안보 기구는 비극적으로 사고하는 것을 멈추고, 삐걱거리고 수직적인 관료주의를 지닌 대규모 군대를 파견해서 제멋대로 뻗은 산악 지형을 갖춘 원시적인 나라를 점령하게 했다.

이라크전쟁이라는 외도를 벌이기 전부터 미국은 아프가니스탄을 상실할 가능성이 있었다. 2003년 나는 여러 주 동안 육군 특수부대 A팀들과 함께 내내 아프가니스탄에 있었다. 대개는 비슷비슷한 이야기다. 소규모 중포 기지에서 활동하면서 현지인들과 친구가 된 그린베레는 몇 차례 혁신적인 작전을 제안했는데, 이런 제안은 대개 카불과 바그람 공군기지의 옥상옥 의사결정 단계를 통과하지 못했다. 대부분 고등학교를 졸업하거나 2년제 커뮤니티대학을 나온 노동계급 출신의 부사관들인 그린베레는 항상 무언가 잘못될 수 있는 가능성을 걱정했고, 종종 자신들을 둘러싼 문화에 대해 예민한 반응을 보였다. 자신들이 그 문화를 크게 바꿀 수 없다는 걸 알았기 때문이다. 그들 대다수는 그리스비극을 읽은 적이 없지만, 빠듯한 블루칼라의 삶을 살면서 그 본질을 이미 깨닫고 있었다.

하지만 워싱턴 당국이 금세 책임을 넘겨받았고, 그들은 아프가니스탄 환경에 적합한 방식보다는 자신들이 편리한 방식으로 전쟁을 수행하는 쪽을 선호했다. 상황은 나빠졌다. 혁신적 지휘관들이 등장해서 반란 진압 원칙을 적용했다. 운명을 철저하게 거부하고 그 대신 인간 행위를 내세웠다. 어느 정도는 영웅적인 시도였다. 하지만 결국 신들―이 경우에는

카플란의 현명한 정치가

허약하고 부패한 중앙정부를 고집하는 아프간인들의 성향—
을 넘어설 수 없었고, 우리가 훈련시킨 아프간 병사들은 종
교를 위해 싸우는 동료 아프간인들에 비하면 전투를 벌일 만
한 숫자가 되지 않았다. 아프가니스탄은 내전으로 찢긴 시에
라리온이나 사담 이후의 이라크와 마찬가지로, 고전 교육에
서 배울 수 있는 원칙을 제공했다.

5장

질서는
가족과 국가에 대한
충성 사이에서
영원한 갈등을 낳는다

1993년 토고에서 코트디부아르로 가려고 서쪽으로 히치하이킹을 할 때, 나는 도로에 바리케이드를 설치해놓고 뇌물을 요구하는 군인들을 연달아 거쳐야 했다. 마침내 여정의 끝이 보였고, 국경을 넘어 코트디부아르로 들어갔다. 내가 탄 버스는 금방이라도 주저앉을 듯한 고물차였다. 그런데 갑자기 군복도 아닌 누더기 차림의 무장한 이들이 차를 세우더니 소지품 검사를 하겠다면서 승객들을 내리게 한 다음 일렬로 줄을 세웠다. 금품을 갈취하려는 게 분명했다. 승객들과 무장한 남자들 사이에 말다툼이 벌어졌다. 사람들은 삼삼오오 무리를 지어 있었고, 멀지 않은 곳에 택시 한 대가 서 있는 것이 눈에 들어왔다. 순간 택시를 향해 무조건 달려야겠다는 생각이 들었다. 내가 택시에 올라타자마자 운전사는 수도 아비장을 향해 속도를 높였다. 한 시간도 되지 않아 나는 이 나라에서 가장 큰 도시의 외관상으로는 질서정연한 상황으로 돌아갔다. 이후 코트디부아르는 10년 가까이 무정부 상태로 빠져들었다가 점차 질서를 회복한다.

질서 이외에 다른 인간적인 대안은 존재하지 않는다. 여러 무자헤딘 단체들이 나라를 장악하기 위해 싸우면서 오랫동안 무정부 상태가 이어지자 1990년대 중반에 자포자기하는 심정으로 탈레반에 의지한 아프간 사람들에게 물어보라. 질서가 없으면 문명도 가능하지 않다. 하지만 질서는 종종 억압적이고 숨통을 조이며 잔인하다. 고대에나 현대에나 잔혹한 질서의 사례는 많다. 국가가 힘으로 찍어 누르면서 때로는 개인들에게 자기 가족을 배신하라고 강요한다. 또한 개인이 자기 가족을 보호하기 위해 억압적 국가에 영원히 충성하겠다고 거짓말을 하는 사례도 많다. 하지만 두 상황 모두 선과 악의 갈등이 아니라 선과 다른 선의 갈등이다. 때로 아무리 불의하더라도 안정을 증진하는 기존 질서에 충성할 것이냐, 아니면 거의 언제나 선인 가족에 충성할 것이냐가 문제되는 것이다. 문명과 사회질서는 이 두 종류의 충성이 모두 널리 퍼져 있어야만 존재하고 번성할 수 있다. 계몽주의 이후 서구에서 비합리적인 것으로 백안시되는 부족적 충성은, 성 아우구스티누스가 말했듯, 그 자체로는 선이다. 부족은 혈연관계에서 생겨나기는 하지만 일종의 사회적 응집을 형성하기 때문이다.[1]

헤겔은 그리스비극이 경계가 뚜렷한 커다란 공동체에서의 윤리적 삶과 혈연관계 안에서의 윤리적 삶 사이의 긴장에 관한 것이라고 보았다. 두 선 모두 정당하지만, 때로는 양자가 대립하면서 주인공은 무엇을 결정하든 잘못을 저지르는 것 외에는 선택의 여지가 없다.

헤겔은 기원전 441년에 쓰인 소포클레스의 『안티고네』가 가족에 대한 충성과 국가에 대한 충성 간의 갈등을 확실하게 보여주는 비극이라고 생각했다. 헤겔은 이 작품을 "가장 훌륭하고 만족스러운 예술작품"이라고 평했다.[2] 수학적 확실성과 숙명의 분위기를 풍기는 이 작품에는 형언할 수 없이 엄숙하고 위풍당당하며 무시무시한 면이 있다.

눈먼 오이디푸스의 딸인 안티고네는 아버지가 죽을 때까지 그를 인도하고 보살피는데, 이제 오빠인 폴리네이케스를 매장하는 일을 떠맡는다. 폴리네이케스와 쌍둥이 형제인 에테오클레스는 누가 테바이를 통치할 것인지를 두고 결투를 벌여 서로를 죽인다. 그로 인해 삼촌 크레온이 왕위를 물려받는다. 크레온은 에테오클레스는 예우를 갖춰 묻어주지만, 폴리네이케스는 외국의 군주들과 동맹을 맺어 테바이를 침공했기 때문에 반역자로 여겨 그의 시체는 벌판에서 썩게 내버려둔다. 더욱이 폴리네이케스는 포악하고 쾌락만 좇는 인물이다. 그렇지만 그는 안티고네의 오빠이고, 안티고네는 혈육인 그를 매장해주어야 한다. 여주인공은 가풍과 정치적 포고령 사이에서 진퇴양난에 처한다. 헤겔은 이런 선택이 한 종류의 질서에서 다른 질서로 넘어가는 역사의 "전환점"이 될 수 있다고 본다.[3] 바로 여기서 개인과 가족의 드라마가 도시국가 및 제국의 운명과 교차한다.

안티고네는 선택한다. 그녀는 폴리네이케스를 묻기 시작한다. 나중에 크레온의 파수꾼들이 누군가 폴리네이케스의 주검을 흙으로 덮어주는 걸 발견하고는 안티고네를 의심해서 왕 앞에 끌고 간다. 크레온은 안티고네가 법을 어겼다고 비난한다. 안티고네는 신들과 함께하는 정의라는 더 높은 법을 이야기한다. 크레온은 비극적 결과를 낳는 주된 원인인 자만심에 사로잡혀 있긴 해도, 그가 바라는 것은 오직 자신의 왕국에서 평화와 질서가 유지되는 것이다. 그는 이 문제를 덮어두고 안티고네와 자신의 아들 하이몬의 결혼을 성사시키는 게 최선이라고 믿는다. 그래야 왕국의 엘리트들 사이에서 자신의 통치가 정당성을 얻을 테고 자신이 미움받지 않을 것이다. 하지만 안티고네는 굴하지 않는다. 안티고네가 첫 번째 충성을 바치는 것은 오빠이며, 매장을 마무리해야만 한다. 바우라가 간명하게 말하듯, "신들은 폴리네이케스를 묻어줄 것을 요구하나 한 사람이 그것을 거부한다".[4] 안티고네는 가족을 도시보다 우선시하기 때문에 크레온은 어쩔 수 없이 사형선고를 내린다.

크레온은 자신의 논리와 국가권력의 존재 이유 일반을 방어한다.

불복종보다 더 큰 악은 없다.
불복종은 도시를 파괴하고, 집들을 쑥대밭으로 만든다.
또한 동맹군을 참패로 이끈다.
인간이 성공을 거두는 경우에
그들을 구해주는 것은 다름 아닌 복종이다.
따라서 질서의 대의를 옹호하는 게 우리의 의무다.[5]

소포클레스는 왕의 명령에 따르기를 거부하는 안티고네와

무정부 상태에 빠져들 가능성 사이에 분명하게 선을 긋는다. 층층이 쌓인 관료적 권력 아래서 사는 현대인들에게는 이런 공포가 과장된 것처럼 보일 수 있다. 하지만 고대 세계에서 권력을 유지시킨 것은 오직 무정부 상태에 대한 두려움뿐이었다. 코트디부아르와 아프가니스탄 같은 개별 국가에서만이 아니라 세계 전반에서 무질서의 유령이 어슬렁거리는 우리 시대에 유념해야 하는 유용한 교훈이다.

하지만 안티고네는 이렇게 대답할 수밖에 없다.

그런데 내가 어떤 법을 위반했단 말인가요?
어떻게 나는 신들의 도움을 기대할 수 있을까요?[6]

이것은 최고의 진심 어린 호소이자 애당초 종교가 생겨난 이유다. 세속적인 보상이나 용인이 이루어지지 않더라도 사랑과 원칙 둘 다를 지키며 바른 일을 해야 하는 것이다.

크레온은 하루치 음식을 주면서 안티고네를 동굴에 가둔다. 눈먼 예언자 테이레시아스는 이런 결정에 경고를 보낸다. 그리고 얼마 후, 괴로워하던 크레온은 마침내 마음이 누그러진다. 그가 가서 폴리네이케스를 매장하고, 이제 안티고네를 용서할 준비를 한다. 하지만 안티고네는 이미 스스로 목을

맨 뒤였다. 뒤이어 안티고네의 약혼자 하이몬과 크레온의 부인 에우리디케도 슬픔을 견디지 못하고 목숨을 끊는다. 그리스비극은 질서정연하고 거의 기계적인 이 세계에서 벗어날 여지를 남겨두지 않는다. 폭력은 거의 무의미해 보일 정도다.

　하지만 수많은 그리스비극이 그렇듯, 이 이야기의 도덕적 진실은 복잡하다. 바우라는 여기에 주목한다. "안티고네는 신들의 법이 인간의 질서와 도덕의 토대임을 안다."[7] 하지만 폭군 크레온 또한 그 나름대로 권리를 가진다. 그는 친족의 유대보다 도시에 헌신한다. 그는 이 세계를 혈연에 좌우되지 않는 정치 영역이라고 여긴다. 그는 자연에 대한 통제를 상징하는 반면, 안티고네가 오빠를 매장하는 데 집착하는 것은 자연과의 "융합과 공감"을 가리킨다. 크레온은 합리적인 것을 상징하는 반면, 안티고네는 감정적인 것을 상징한다. 하버드의 고전학 교수 고 찰스 시걸은 "집이나 도시 그 어느 것도 문명화된 가치의 중심이 아님이 밝혀지는 것이야말로 이 연극의 비극적 상황의 일부"라고 말한다.[8]

　소포클레스는 냉혹하고 근엄한 만큼이나 흑백이 분명한 해결책에 빠지지 않는다. 그는 도덕주의적이지 않으면서도 도덕적이고, 치열하나 정념에 사로잡히지 않는다. 다시 말하지만, 정념은 흔히 분석의 적이기 때문이다. 정념에 사로잡힌 사람―가령 칼럼니스트―이 관료적 책임의 무게 아래서 분투하지 않을 때 정념은 쉽게 발산된다.

하지만 우리에게는 전쟁이 가족에게 미치는 영향에 관심을 기울임으로써 우리의 현대적 감성을 사로잡는 에우리피데스가 있다. 아이스킬로스와 소포클레스는 터무니없이 불완전한 동시에 경외감을 불러일으키는 세계를 받아들여야 한다고 이야기할 뿐 자신들이 제기한 딜레마에서 빠져나갈 출구를 남기지 않는다. 반면 에우리피데스는 더 나은 세계를 만들기 위해 싸울 것이라는 걸 암시한다. 우리가 도저히 받아들일 수 없는 잔혹함이 존재하기 때문이다. 에우리피데스는 아이스킬로스나 소포클레스에 비해 생동감이 넘치고 덜 고루하며 이해하기 쉽다. 모든 비극 작가들 가운데 그는 인도적 공동체에 가장 우호적이다. 이런 이유로 일부 비평가들은 에우리피데스가 가장 순수하고 비타협적인 형태로 비극의 종언을 보여준다고 느낀다.

죽기 직전인 기원전 406년 에우리피데스는『아울리스의 이피게네이아』를 썼다. 이 작품은 작가가 여러 명이었을 것으로 추정된다.『안티고네』처럼 이 작품 역시 가족에 대한 의무와 국가에 대한 의무 간의 충돌을 다룬다. 무대는 보이오티아의 아울리스로, 트로이아전쟁이 시작될 때 적의 도시를 포위하기 위해 트로이아로 항해할 준비를 마친 1,000척의 그리스 함대가 모여 있다. 하지만 이상하게 바람이 불지 않아 함대는 발이 묶여 있다. 예언자 칼카스가 그리스 사령관 아가멤논에게 아르테미스 여신이 그에게 화가 나서 바람을 멈추게 한 것이라고 알려준다. 그리고 아가멤논에게 아르테미스를 달래려면 그의 맏딸 이피게네이아를 희생시켜야 한다고 말한다. 아가멤논은 그가 해야 하는 일이라며 예언자가 말한 것에 몸서리를 친다. 하지만 자신이 결집한 군대가 바닷가에서 기다리면서 점점 참을성을 잃어가고 말 그대로 피에 굶주려 있는 가운데 그는 그 방법을 고려해야 한다. 그리하여 부인 클리타임네스트라에게 편지를 보내 이피게네이아를 그리스의 전사 아킬레우스와 결혼시키려 하니 아울리스로 데려오라고 말한다. 하지만 아가멤논은 금세 생각을 바꿔 부인에게 앞서 보낸 편지를 무시하라는 편지를 다시 보낸다. 그러나 아가멤논의 동생 메넬라오스는 형이 결단하지 못하고 마음을 바꾸는 데 화가 나서 두 번째 편지를 중간에 가로챈다. 사실 전쟁이 시작된 것도 트로이아인들이 메넬라오스의 부인 헬레네를 납치했기 때문이다. 형제는 말다툼을 벌인다. 아가멤논이 항변한다.

나는 내 자식들을 죽이지 않겠다. 나는 내 자식에게 무도하고 불의한 짓을 저지르고 눈물로 밤낮을 지새워야 하는데, 네가 매춘부 같은 아내에게 복수하여 번영을 누리도록 내가 정의를 저버리는 일은 없을 것이다.[9]

이피게네이아와 클리타임네스트라가 첫 번째 편지만 받고 두 번째는 받지 못한 채 아울리스의 군대 막사에 등장한다. 아가멤논은 비탄에 빠진다.

여보, 나는 이번 일을 감행하기가 두렵지만, 하지 않는 것 역시 두렵구려…… 두 사람은 이 많은 함대와 청동 무구로 무장한 수많은 그리스 전사들이 기다리고 있는 게 보일 거요. 내가 예언자 칼카스가 시키는 대로 너(이피게네이아)를 희생하지 않으면 일리온의 성탑들을 정복하고 트로이아의 찬란한 토대들을 바닥에 무너뜨리지도 못할 것이다. 그리스 군대는 전력으로 그 외국 땅으로 달려가려는 열망으로 들끓고 있고…… 만약 내가 신들의 신탁을 무시한다면 이 병사들은 당신과 나는 물론이요, 아르고스에 있는 내 딸들도 죽일 거요.[10]

카플란의 현명한 정치가

바로 여기에 고위 공직자의 진정한 비애가 있다. 아가멤논은 모든 권력을 갖고 있지만, 그의 앞에 놓인 선택은 참으로 지독하다. 심지어 공식적으로는 그의 휘하에 있는 병사들에게 둘러싸여 위협을 받고 있다. 그는 그런 짐을 지지 않는 평민 병사를 부러워할 뿐이다. 권력의 역설은 책임지는 자리에 있으면서도 완전히 통제하지 못한다는 것이다.

클리타임네스트라는 아가멤논이 이피게네이아를 희생시키지 않으면 남편이 지휘하는 병사들이 어떤 일을 벌일지 두려워하며 중요한 점을 못 박기라도 하듯 말한다.

그래요, 군중은 무시무시한 저주이지요.[11]

클리타임네스트라는 곧이어 이피게네이아를 지키겠다고 맹세하는 아킬레우스에게 실제로 누가 자기 딸을 잡으러 올 것인지 묻는다. 아킬레우스가 대답한다.

많은 자들이 오겠지요.[12]

결국 이피게네이아 자신이 고결하게 죽으러 감으로써 문제를 해결한다.

어머니 곰곰이 생각해보고 죽기로 결심했어요…… 함대의 항해가 저한테 달렸고…… 야만인들이 번영하는 그리스에서 여자들을 약탈하는 걸 막는 것도 제게 달렸지요. 제가 죽음으로 이 모든 일을 이루면, 그리스의 해방자로 제 이름이 축복을 받겠지요…… 어머니는 어머니 혼자만의 자식이 아니라 모든 그리스인의 자식으로 절 낳으신 거예요. 수많은 전사들이…… 적에 맞서 용감하게 싸울 텐데, 저 하나 살자고 그 앞길을 막을까요? 어찌 이것이 정의로운 일일까요?[13]

여기서 우리는 국가와 야심 찬 예언자의 냉혹한 책략 때문에 무고한 젊은 목숨이 희생되는 결론을 맞닥뜨린다. 국가는 가공할 만한 온갖 결함을 가지고 있는데도 인류가 끝없는 보복 살인으로 점철되지 않게 폭력을 독점하도록 존재해야 한다. 국가는 우리를 원시 상태에서 구해준다. 에우리피데스는 세계를 바로잡을 수 없다는 걸 알면서도 우리가 세계의 고통을 느끼게 만드는 데 몰두한다.

국가가 폭력 사용을 독점해야 한다는 사실은 최악의 운명, 즉 무정부 상태로부터 우리를 구해준다. 하지만 우리는 국가

카플란의 현명한 정치가

가 피에 굶주려 있다는 사실을 외면해서는 안 된다. 터무니없는 짓까지 벌여가며 국가권력을 잡은 나치 독일과 스탈린의 소련이라는 20세기의 저 유명한 산업화된 폭정만을 이야기하는 게 아니다. 내가 말하는 것은 보다 일상적인 이야기다. 즉 원시적 형태의 국가나 제국이 추구하는 가치는 그 체제가 억누르고자 한 홉스적 무정부 상태나 다름없다. 국가에 대한 충성과 가족에 대한 충성 사이의 긴장은, 비록 그 자체는 해결할 수 없지만, 국가를 합리적이고 도덕적인 범위 안에 묶어두는 데 도움이 된다.

셰익스피어의 말기 비극으로 로마 공화정 초창기를 배경으로 하는 『코리올라누스』에서는 때때로 가족 간 사랑이 거의 종적을 감추고 애국심이 특히 유혈 낭자하고 허무주의적 모습을 띤다. 역사를 통틀어 용감한 어머니와 연인들이 있기는 했지만, 코리올라누스의 어머니 볼룸니아에게는 소름 끼치는 면이 있다. 그녀는 만약 아들이 자기 남편이라면 그가 집을 비우고 전쟁에 나가 명예를 얻는 것을 "침대에서 그를 끌어안는 것"보다 "훨씬 기꺼이 기뻐할" 거라고 말한다.[14] 볼룸니아는 계속해서 만약 자신에게 아들이 열두 명 있다면 "아들 하나가 전쟁에 나서지 못하고 방탕의 늪에 빠지는 것을 보느니 열한 명이 나라를 위해 고귀하게 죽는 게" 나을 것이라고 말한다.[15] 애국심이 강한 어머니라면 아들이 전투에서 죽는 걸 받아들이겠지만, 대다수는 그런 불행의 무게를 이기지 못하고 무너진다. 대부분의 어머니는 아들의 전사를 기뻐하지 않으며 완전히 받아들이지도 못한다. 볼룸니아는 다르다.

코리올라누스는 음침하고 잔혹하며, 완고하고 거만하다. 그리고 인간이라는 관념 자체에 걷잡을 수 없는 분노를 느낀다. 그는 굉장히 고루한 사람이다. 영적이든 세속적이든 내면적인 삶이 없는 것처럼 보인다. 그는 교전 중인 국가와 오로지 전쟁을 위해 만들어진 문화의 총합을 대표하며, 볼룸니아의 무정한 태도는 이를 잘 보여준다. 그리스비극에서와 달리 가족에 대한 충성과 국가에 대한 충성 간의 충돌은 인물들에게 인간적 면모를 부여하지 않는다. 여기서 셰익스피어는 인간성을 거의 말살하는 전사 국가를 묘사하고 있다. 우리 눈에는 17세기의 첫 번째 10년에 쓰인 『코리올라누스』가 그보다 2,000년 전에 쓰인 『안티고네』나 『아울리스의 이피게네이아』보다 거리감이 있어 보인다. 코리올라누스의 어머니는 로마를 위해 울부짖으며, 극의 막바지에 이르러 아들이 로마의 적인 볼스키족에게 살해된 뒤에야 평화를 애원한다. 비극은 어머니와 아들이 모두 자신에게 맞는 충성을 너무 늦게 깨달는다는 데 있다.

 "『코리올라누스』의 로마에는 영혼의 탐색이 존재하지 않는다. 탐색할 만큼 충분히 계발된 영혼이 없기 때문이다." 셰익스피어 연구자 폴 A. 캔터의 말이다. 이 작품에는 "장대한 조각상들"만 있을 뿐이다. 해럴드 블룸은 19세기 초 영국의 비평가 윌리엄 해즐릿의 말을 인용하여 코리올라누스가 "오만방자한 권력" 안에서만 살고 있다고 말한다.[16] 권력을 우상화하면 안 된다는 것은 분명하지만, 그것이 필요하다는 것은 인정해야 한다.

 국가에 내재한 권력은 두 대립물, 즉 국가에 대한 충성과 가족에 대한 충성의 충돌을 낳는다. 그리스인들과 셰익스피어의 천재성은 고난을 통해 이 대립물들의 통일을 보여주는 데 있다. 『코리올라누스』의 인물들이 극의 마지막에 겪는 고난을 『안티고네』와 『아울리스의 이피게네이아』의 인물들은 내내 겪는다―그리스 주인공들은 말 그대로 이 충돌을 살아낸다. 그리고 바로 이 충돌 속에서 국가가 국가이기 위해서는 무력행사를 독점해야 한다는 사실이 다시 제기된다. 탈출구는 없다.

 이 문제에서 가장 중요한 부분은 국가가 폭정으로 전락해서 정당성을 상실하면 국가에 도전하는 것이 도덕적 행동이 될 수 있다는 점이다. 카뮈가 말한 것을 유념하자. 그런 지경에서도 폭압적 국가에 도전하는 반역자는 실행할 만한 대안적 통치 질서를 염두에 두어야 한다. 무정부 상태는 폭정보다 더 나쁘기 때문에 그렇게 하지 않으면 반란이 정당성을 잃기 때문이다. 우리는 시리아와 리비아에서 아랍의 봄이 확산될 때 이런 딜레마를 확인했다. 폭압적 질서에 도전하는 것은 정당했지만, 그 결과는 무정부 상태라는 더 깊은 지옥이었다. 반란자들이 대안적 질서를 세울 능력이 없었기 때문이다. 그리고 무엇보다도 이라크의 사담 후세인 정권은 북한을 제외하고는 잔인성을 겨룰 경쟁자가 없을 정도였지만, 보다 계몽된 대안적 체제를 세우기 위해 심사숙고한 구체적 계획이 없었다면 그에게 도전하는 것은 부도덕한 일이었다. 이번에도 대개는 이 딜레마에서 빠져나갈 출구가 없다.

인간은 선택지가 극히 제한된 가운데서도 선한 일을 해야 하는 필요성과 생존을 위한 투쟁을 조정해나간다. 모든 행동을 생존의 필요성으로 환원하는 것은 타락을 낳지만, 생존을 아예 무시하고 오직 더 큰 선에만 관심을 갖는 것은 생존을 당연시하는 것이다. 우리 대부분 또는 대다수 나라들은 그런 사치를 누리지 못한다.

그리스인들은 워낙 이성적이었기 때문에 비합리적인 것의 힘을 간과하지 않았다. 그들은 인간 정신의 비합리적 측면을 나타내기 위해 불멸의 상징인 디오니소스를 창조했다. 디오니소스는 각성과 황홀경, 꿈, 환상, 광신, 그리고 궁극적으로는 혼돈의 신이었다.

펜테우스는 주변의 경고에도 불구하고 디오니소스의 섬뜩한 새로운 종교가 퍼지는 것을 막기로 결정하지만 오히려 박코스 여신도들에게 끔찍하게 살해당한다. 펜테우스가 저지른 최악의 죄는 자신이 모든 것을 안다는 자만심이었다. 결국 인간은 운명을 벗어나지 못하기 때문에 싸움을 하려면 운명, 더 나아가 지고한 신을 존중해야 한다. 『박코스 여신도들』의 마지막에서 그리스 합창단이 말하듯, 신들은 인간이 확실하게 여기는 것을 무로 만들어버리는 힘을 가지고 있다.

셰익스피어의 『율리우스 카이사르』에서 카이사르가 독재자가 되었다고 그를 살해하는 호민
관들은 그의 "의식적" 측면을 없애 그를 의심할 여지 없이 "가련하고, 갈림길에 선, 오류를 범
하기 쉬운 물리적 존재로서의 몸으로" 돌려놓는다. 하지만 자유를 추구하는 이들은 카이사르
를 죽임으로써 무정부 상태로 나아가는 길을 닦을 뿐이다. 결국 잔인무도한 살인이 더 많이 벌
어진 뒤 로마의 다른 독재자가 나타나서 질서를 회복하고 의식도 되살린다.

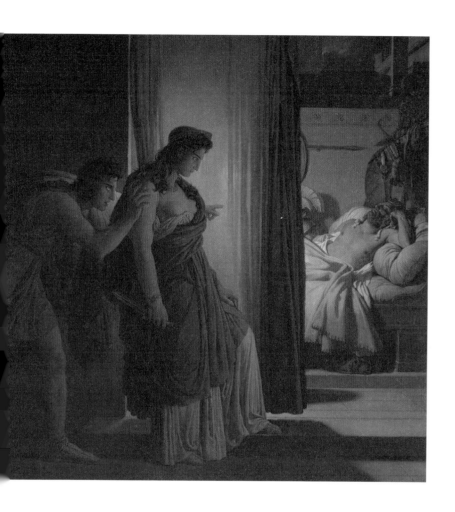

아가멤논의 운명은 트로이아를 치기 위해 모은 군대에 유리한 바람을 보내주는 대가로 여신 아르테미스에게 자신의 맏딸 이피게네이아를 희생 제물로 바치기로 결정하면서 확정된다. 남편이 한 일을 알고 격분한 아가멤논의 아내 클리타임네스트라는 아가멤논이 트로이아에서 승리를 거두고 미케네로 돌아온 직후 (아가멤논 일족에게 저주를 퍼부었던) 티에스테스의 아들이자 자신의 정부인 아이기스투스와 함께 아가멤논을 살해한다.

니체는 티탄족 프로메테우스가 보이는 불굴의 정신이 우리의 동정심을 불러일으키지만 제우스가 그를 끝없이 괴롭힌 것이 완전히 잘못된 일은 아니라고 설명한다. 그 목적이 아무리 고귀하더라도 자신의 통치에 도전했기에 제우스 입장에서는 프로메테우스를 사슬에 묶고 독수리로 하여금 그의 간을 계속 쪼아 먹게 할 권리가 있었다는 것이다. 니체는 그리스인들을 위대하게 만드는 것은 우리를 무기력하게 만드는 바로 그런 통찰이라고 말한다.

셰익스피어의 작품에는 불가피하게 스스로 불행을 초래하는 개인이 비단 햄릿만 있는 게 아니다. 그의 작품에 등장하는 모든 인물이 마찬가지다. 그중 맥베스는 기대감에 가득 차 거의 주저하지 않기 때문에 그의 행동에는 악마적인 속도가 있으며, 그것은 그의 이름이 붙은 작품에서도 마찬가지다. 『맥베스』에서는 모든 일이 순식간에 벌어진다. 반성이나 자각이 거의 없다. 속도는 온갖 영혼의 갈등으로 가득한 내적 삶과 양심의 적이다. 맥베스는 도스토옙스키의 라스콜니코프같이 동물처럼 격렬하게 순간을 산다. 하나는 가난뱅이고 하나는 귀족이라는 차이만 있을 뿐이다.

너무 늦게 딸의 충성심을 깨달은 리어 왕. 코델리아의 주검을 안고 오열하지만 이미 너무 늦어버렸다. 셰익스피어의 비극 가운데 가장 심오하고 비통한 『리어 왕』은 관객을 한층 더 현명하게 만들어 세상에 다시 내보낸다. 아무리 노령 때문이라고 해도 권력과 책임을 내려놓으면 최악의 결과로 이어질 수 있다는 사실을 일깨워주는 것이다.

6장

국가는 야망의 원천이 된다

대다수 남성은 폭력을 저지르지 않지만, 우리는 폭력에 이끌린다. 무력 사용에 가까이 있는 남성일수록—특히 관료적으로 가까이 있을수록—더 많은 것을 성취한다. 전쟁학의 전문가가 된다는 것, 더군다나 펜타곤 같은 곳에서 일하는 것은 직접 참전하는 경험을 대신한다. 이제는 여성들도 전투에 참가하고 군대에서 다수의 행정직, 관리직에 포진해 있다. 하지만 전쟁은 역사적으로 남성의 영역이자 남자들의 야심이 집중되는 분야였다. 현대에는 일반적으로 국가가 정당한 무력 사용을 독점하기 때문에 관료 권력을 위한 경쟁이 치열해졌다.

워싱턴에서 제한된 수의 고위 공직을 두고 벌어지는 경쟁은 사냥 같은 유혈 스포츠와 비슷하다. 일단 누군가가 그 자리를 차지하면 그의 운은 바닥나고, 잘못된 전쟁이나 정책과 관련되면 영원히 모욕받는다. 이라크전쟁과 관련된 공직자들이 그 분명한 사례다. 그렇다 하더라도 권력의 유혹에 저항하기란 쉽지 않다. 내 경험으로 볼 때, 사람들은 보수가 형편없는 공직을 위해 돈벌이가 좋은 사업가 자리를 기꺼이 내던진다. 국가에 봉사하라는 부름이 다른 목표를 덮어버린다. 특히 전쟁이 벌어지거나 적어도 숙고의 대상이 될 때 개인적 경쟁이 치열해진다. 걸려 있는 게 많고 폭력에 도취하는 분위기가 팽배해지기 때문이다. 숭고한 원칙은 저변의 동기를 가리는 가면이 된다. 아가멤논이 이피게네이아의 운명을 놓고 극도의 고통에 시달리면서 예언자 칼카스를 의심하는 것에서 알 수 있듯, 예언자들도 야심 때문에 타락한다.[1]

그리스인들은 인간이 결국에는 신들과 충돌할 수밖에 없기 때문에 운명을 비롯한 넘을 수 없는 힘에 굴욕을 당하는 게 불가피하다고 말하곤 했다. 그리스인들은 비극이 인간의 힘과 재능에 뿌리를 둔다고 생각했다. 인간의 힘과 재능은 신들의 질투를 불러일으키고, 결국 가장 뛰어난 인간이 비극에 굴복하게 된다. 이와 반대로 셰익스피어는 인간의 힘이

카플란의 현명한 정치가

아니라 나약함으로 비극을 창조한다. 우리가 통제할 수 없는 야심과 본능은 우리를 약하게 만든다.[2] 브루투스가 "젊은 야심의 사다리"를 암시하며 설명하듯, 우리는 야심 때문에 자신의 기원—우리가 태어나 자란 곳—을 잊고 방향감각을 상실한다.[3]

『율리우스 카이사르』의 가장 기억에 남는 구절에도 나오지만, 거부할 수 없는 야심의 매력은 질투와 마찬가지로 특히 통치 엘리트들 사이에서는 행동을 규정하는 동기로 손꼽힌다. 카이사르는 유명한 구절에서 걱정을 늘어놓는다. "카시우스 저 친구, 마르고 굶주린 상이야. 생각이 너무 많아. 저런 친구는 위험하다고."[4] 그는 카시우스의 마음속을 꿰뚫어 본다. 카시우스는 카이사르에 관해 이렇게 말한다. "허, 이보게, 그는 마치 콜로서스ㅌ像처럼 / 이 좁은 세상 위에 우뚝 섰고, 왜소한 우리는 / 그의 거대한 다리 밑에서 곁눈질하며 / 비루한 묏자리나 찾아다니고 있다네."[5] 카시우스는 계속해서 묻는다. 왜 카이사르의 이름이 우리 이름보다 듣기 좋은지.

결국 성격이 전부이며, 지식과 기술보다 앞선다. 나는 워싱턴에서 이런 일을 숱하게 목격한 터라 누군가가 국무장관이나 국방장관으로 임명되면 그의 이력이 아니라 위기에 빠졌을 때 어떤 판단을 내릴지를 검토하려고 한다. 딕 체니, 도널드 럼즈펠드, 폴 울포위츠는 모두 공직에서 오랫동안 화려한 기록을 남겼다. 체니와 럼즈펠드 모두 아들 부시 행정부에서 공직을 맡을 당시 국방장관으로 성공한 전력을 가지고 있었다. 울포위츠는 국방부 차관, 국무부 차관보, 주요국인 인도네시아 주재 대사 등으로 성공을 거두었다. 하지만 이런 이력은 기만이었다. 9·11 직후라는 특정한 순간에 중요한 것은 성격과 판단력이었기 때문이다.

그리스인들은 이 문제와 관련해서 한계를 보인다. 소포클레스가 거듭 말하듯, 오디세우스는 신들이나 상황의 요구에 따라 정직하게 굴거나 거짓말을 하고, 사기꾼이 되거나 그렇지 않다.[6] 성격이 도덕적이거나 부도덕한 요소로 표현되는 것은 사실 셰익스피어에서 시작된 것이다. 이런 이유로 해럴드 블룸은 "셰익스피어 숭배"가 서구의 "세속적 종교…… 우리의 신화"로 간주되어야 한다고 여긴다.[7]

셰익스피어는 정치적 행동에서 결정적으로 중요한 요인으로 우리를 이끈다. 바로 속도의 문제다. 햄릿은 양심이 행동의 적이라고 넌지시 말한다.[8] 행동하지 않는 것은 아무것도 하지 않는 것이다. 『율리우스 카이사르』에서 브루투스는 이렇게 말한다. "끔찍한 일"을 수행하기로 한 결정과 행위의 시작 사이에는 거대하고 복잡한 내적 드라마, 즉 개인의 성격과 사태의 추이를 결정하는 정신적 "반란"이 벌어진다고.[9] 대다수 사람들은 결정적인 행동에 나서기를 주저하다 결국 포기하지만, 맥베스는 정반대다. 문학 전체를 망라해서 그의 끊임없는 기대의 힘을 능가하는 것은 아무것도 없다. 맥베스는 행동에 앞서 자기 양심을 꼼꼼하게 더듬어보는 브루투스(물론 햄릿도 포함된다)와 정반대다. 카시우스와 달리 브루투스는 야심에 사로잡힌 것이 아니라 독재자 카이사르가 보일 모습에 대한 두려움에 빠져 있다. 하지만 맥베스는 기대감에 가득 차 거의 주저하지 않기 때문에 그의 행동에는 악마적인 속도가 있으며, 그것은 그의 이름이 붙은 작품에서도 마찬가지다. 『맥베스』에서는 모든 일이 순식간에 벌어진다. 반성이나 자각이 거의 없다. 속도는 온갖 영혼의 갈등으로 가득한 내적 삶과 양심의 적이다. 맥베스는 도스토옙스키의 라스콜니코프같이 동물처럼 격렬하게 순간을 산다. 하나는 가난뱅이고 하나는 귀족이라는 차이만 있을 뿐이다(맥베스는 자기인식이 거의 없는 반면 라스콜니코프는 너무 심해서 편집증에 빠진다). 맥베스는 정글의 짐승처럼 신속하게 움직인다.

맥베스가 행동뿐인 사람이라면 맥베스 부인은 의지로 뭉친 사람이다. "나를 나약한 여자에서 벗어나게 해다오." 그녀는 이렇게 말한다. "나를…… 지독한 잔인함으로 채워다 오."¹⁰ 두 사람의 크나큰 사랑을 보면, 언론인으로서 내가 다룬 다른 폭력적 독재자와 민족 지도자들이 떠오른다. 루마니아의 니콜라에 차우셰스쿠, 조지아의 즈비아드 감사쿠르디아, 유고슬라비아의 슬로보단 밀로셰비치 등은 부인들의 끝 모르는 야욕과 떼려야 뗄 수 없는 남자들이었다. 그들은 비공식적이긴 해도 부인과 함께 통치했다. 물론 야심으로 똘똘 뭉친 부인을 둔 20세기의 전형적인 지도자로는 아르헨티나의 후안 페론을 빼놓을 수 없다. 야심이 없는 남자와 여자는 세계를 더 낫게 만들 수 없다.

하지만 야심은 그릇된 판단이나 재앙과 뒤얽힐 수 있다. 푸틴의 역사적 야심은 결국 우크라이나를 조국 러시아와 통합하는 것이었다. 그런데 무슨 일이 벌어졌는가?

인간사의 모든 중대한 결정은 칼날 위에 놓여 있다. 특히 눈에 띄는 것은, 『리어 왕』에서도 알 수 있듯, 더없이 개인적인 문제가 어떻게 한 국가나 왕국을 무너뜨릴 수 있는가 하는 점이다. 이런 이유 때문에 정치와 외교의 고차원적 드라마가 결국에는 더없이 개인적인 동기들로 가득한 셰익스피어의 희곡 같아지는 것이다. 『리어 왕』은 궁극적으로 가족적·정치적 비극이다. 이 둘이 뒤얽혀 있기 때문에 더욱 나쁜 비극이다. 리어 왕이 권력을 포기하자마자 질서와 관습과 계승이 있어야 하는 곳에 혼돈과 적막만이 남는다. 해럴드 블룸은 『리어 왕』 이후 서구 세계에서는 권위와 왕권이 결코 같은 것이 되지 못했다고 말한다. 『리어 왕』에는 셰익스피어의 다른 비극들과 별로 어울리지 않는 숨 막히는 슬픔이 존재한다. 조지 스타이너가 말하듯, 『리어 왕』은 "주인공을 무너뜨리는 뒤엉킨 그물"에 어떤 해결책도 제시하지 않는다. "그물망이 삶의 핵심 안에 엮여 있기 때문이다."[11] 리어 왕이 나이 때문에 지쳐 있다고 해도 그가 왕위에서 질서정연하게 물러날 수 있는 방법은 존재하지 않는다. 그리고 코델리아를 제외한 왕의 딸들은 야심과 교활함에 잠식당한다. 삶의 모든 참상에서 의미를 찾는 비극은 야심과 폭력과 무정부 상태로 삼각형을 이룬다.

안토니우스는 카이사르를 살해함으로써 생겨난 혼돈을 비난한다. "이 더러운 짓은 묻어달라 신음하는 / 썩은 사람 고기로 악취를 풍기리니."[12] 야심이 혼돈으로 이어지는 것, 바로 그것이 비극의 본질이다. 지도자를 타도하면 무슨 일이 생기는지 보라. 좋은 결과를 얻는 경우가 드물다. 나는 세계가 사담 후세인에게 관심을 돌리기 전부터 오랫동안 이라크에서 기자로 활동했기 때문에 사담 통치의 참상을 익히 알았다—1986년 나는 사담이 이란에 맞서기 위해 지원하던 쿠르드족 전사 파벌에 직접 들어가서 취재할 수 있도록 허락받기 전에 열흘 동안 여권을 압수당했었다. 나는 이때만이 아니라 이라크에 체류하던 내내 겁이 났고, 사담이 사라지기를 바랐다. 그리고 나는 야심이 있었다. 나는 이라크가 사담 이후 혼돈에 빠져들 수 있다고 글로 경고한 바 있었지만, 9·11의 충격, 그리고 1990년대 발칸반도 개입과 1차 걸프전쟁 등 당시에 미군이 거둔 승리 때문에 이제 중동 최악의 폭군을 제거하고 더 나은, 더 인간적인 형태의 질서를 세울 역사적 순간이 눈앞에 와 있다고 확신했다. 얼마나 많은 실패한 전쟁이 원대한 야심에서 시작되고, 결국에는 깊은 상처로 남았는가? 그 야심에서 벗어나는 유일한 길은 두려움이다. 내가 이라크에서 느낀 것과 같은 개인적 두려움이 아니라 작동하는 거대한 힘에 대한 신성한 두려움이 필요하다. 푸틴은 우크라이나를 침략하기 전에 그런 두려움을 느끼지 못했다. 이런 두려움은 우리 앞에 놓인 위험을 경고함으로써 더없이 커다란 희망을 준다. 우려로 가득한 예견 또한 도덕적 행동을 위해 필요하다.

7장

야망, 그리고
폭정과 불의에 맞선 싸움

『결박된 프로메테우스』가 아이스킬로스의 작품인지는 분명하지 않다. 이 작품은 입을 다물 수 없을 정도로 매우 냉혹하며, 묘사되는 고난은 마치 세계에서 처음 느끼는 고통 같다. 작품을 보면 그리스인들이 자신들이 모시는 신들의 어두운 면을 어떻게 보았는지 알 수 있다. 인간에게 불과 예술을 주었으며 미래를 내다볼 수 있는 프로메테우스는 제우스의 명령에 따라 카우카소스(캅카스)산의 바위에 사슬로 묶인다. 그곳에서 "피처럼 붉은 독수리"가 끊임없이 그의 간을 물어뜯는다. 프로메테우스는 무엇을 할 수 있을까! 그는 이렇게 말한다.

누구도 필연에 맞서 싸울 수는 없는 법.
하지만 이런 내 운명에 대해 입을 열 수도,
침묵을 지킬 수도 없으니! 난 슬픔의 멍에에 묶여 있도다,
인간들에게 그런 특권을 주었다는 이유로……[1]

그리고 합창단은 세상 곳곳에 퍼진 제우스의 폭정에 안타까워한다.

새롭게 찬미받는 이 제우스는 혐오스럽기 짝이 없는 자기만의 법으로
오만한 창끝으로 쓰러진 옛 신들을 찔러대지요.
온 대지가 비탄하는 소리가 들려옵니다.[2]

"하지만 그 어떤 것도, 어떤 위협이나 고문도 프로메테우스를 꺾지 못한다"고 이디스 해밀턴은 말한다. "그의 이름은 그리스 시대부터 오늘날까지 수백, 수천 년 동안 권력의 불의와 권위에 맞선 위대한 반역자로 우뚝 서 있다."[3] 카뮈가 프로메테우스를 "최초의 반역자"라고 부른 것도 이 때문이다.[4] 어떤 반역자든 크나큰 고통을 겪는 만큼 프로메테우스는 자신의 대의가 정의롭고 종종 낭만화된다는 데서 그나마

위안을 얻을지 모른다. 문학과 예술, 언론의 엘리트들은 반역자를 사랑한다. 반역자는 어떤 잘못도 저지를 수 없다. 관료적 책임이라는 짐을 떠안지 않은 채 이상을 옹호하기 때문이다. 관료적 책임은 언제나 문제를 복잡하게 만들고, 내키지 않는 타협을 필요로 하며, 의도하지 않은 결과로 이어진다. 자유의 투사는 협상하거나 양보할 필요가 없기 때문에 자신의 이상을 순수하게 유지할 수 있다. 반면에 폭군은 제우스든 현대의 독재자든, 또는 심지어 민주적으로 선출된 미국 대통령이든 한 선 대신 다른 선을 선택함으로써 통치하고 고통을 야기해야 하는 짐을 떠안은 채 분투한다. 따라서 선한 폭군이라 하더라도 사랑받는 경우는 드물다. 하지만 로버트 브라우닝이 아가멤논을 언급하며 말하듯, 폭군은 또한 연민의 대상이다. "왕권을 밟고 조용히 죽음으로 나아가는 / 그의 주위로 다가오는 운명의 희미한 그림자가 쌓여 있으니."[5] 나는 루마니아 독재자 니콜라에 차우셰스쿠의 조카를 인터뷰한 적이 있는데, 그는 삼촌이 "늘 걱정스러워 보였고, 생각에 골몰해 있었다. 삼촌은 순간을 살지 못했다"고 했다. 실제로 "폭군은 모든 사람이 자신의 적이라는 것을 알기 때문에 가능한 한 자신을 둘러싼 이들의 요구를 만족시키려고 노력해야 하며, 그러지 않으면 끔찍한 운명의 위험이 커진다".[6]

폭정이 어마어마하고 극심할수록 독재자가 느끼는 공포와 고독도 커진다. 나는 1980년대 중반 부쿠레슈티에서 열린 루마니아공산당 당대회에서 니콜라에 차우셰스쿠를 가까이서 직접 보았다. 그는 몇 시간 동안 막힘없이 발언했다. 연설 전후로 대회장에는 떠들썩한 박수갈채가 울려 퍼졌고 사람들은 "차우-셰-스쿠, 차우-셰-스쿠"를 연호했다. 갑자기 차우셰스쿠가 멈추라는 신호를 보내기 전까지 청중은 계속 서서 그의 이름을 연호했다. 남들보다 먼저 연호를 멈추었다가는 그 자리에서 체포되거나 어쩌면 더 험한 꼴을 당할 수도 있었기 때문이다. 두려워하는 분위기가 역력했다. 하지만 차우셰스쿠의 조카가 말한 것처럼, 그 자신도 두려움을 안고 살았다. 대회장에 모인 모든 사람과 바깥에 있던 훨씬 많은 사람들이 차우셰스쿠가 약해진 것을 감지하는 바로 그 순간 그에게 등을 돌릴 것이었다. 1989년 크리스마스에 벌어진 사태는 결국 그와 그의 부인의 신속한 처형으로 이어졌다. 딱딱하게 굳은 빵을 사려고 한겨울 맹추위에 새벽부터 늘어선 긴 줄, 연료를 배급받기 위한 줄, 차우셰스쿠를 축하하는 관제 시위에 참가하러 버스를 타고 상경하는 농민들, 왈라키아 동부의 눈 녹은 진흙탕에 자리한 진짜 강제노동수용소, 그 밖의 차우셰스쿠 통치의 온갖 잔악함을, 나는 냉전의 마지막 10

카플란의 현명한 정치가

년 동안 루마니아를 뻔질나게 방문하며 낱낱이 목격했다. 이 모든 잔악함이 국민들의 들끓는 증오에 방아쇠를 당겼다. 시민들의 공포와 상호 고립에 기반해 존재하던 정권에서 누구보다 큰 공포와 고립 속에서 산 것은 독재자 자신이었다. 루마니아 사람들은 수십 년간 고개를 수그리고 살다 갑자기 이빨을 드러냈다.

폭군은 인간 본성을 억누를 수 없으며, 바로 그 본성에서 반역이 일어난다. 인간은 경이로운 존재다. 자연 세계를 극복할 수 있다면, 폭정도 이겨낼 수 있다. 저 유명한 〈인간에게 바치는 송가〉에서 『안티고네』의 합창단은 낭랑하게 읊는다. "인간은 모든 역경에 대항할 수 있으며, 아무 대비 없이 미래를 맞이하는 일도 결코 없다네."[7] 비록 셀 수 없이 많은 대중의 야심이 충돌하고 뒤얽히는 탓에 운명을 해독할 수는 없지만 운명을 만드는 것은 신이 아니라 인간이다.

바로 이것이 실존의 난제다.

그리고 언제나 존재해왔던 죽음의 확실성은 이교가 쇠퇴하고 기독교가 널리 퍼지기 전까지 오랫동안 내세에 대한 진정한 믿음이 거의 없었다는 사실 때문에 더욱 문제가 되었다. 바로 이런 확실성이 반역자와 폭군의 싸움에 영웅적 맥락을 더해준다. 『햄릿』의 묘지 장면에 담긴 암울한 유머를 생각해보라. 셰익스피어는 몇 행을 할애해서 인간의 위대함을 온전히 드러낸다. "저 해골도 한때는 혀가 있어서 노래할 수 있었지." 이번에도 역시 햄릿의 말이다. "알렉산더는 죽었다. 알렉산더는 묻혔고, 가루로 돌아갔다. 가루는 흙이고, 우리가 흙으로 반죽을 만든다면, 그의 가루로 반죽을 만들어 맥주통 마개로 쓴들 어떠하리?"[8] 결국 모든 것은 뼈, 즉 가루가 된다. 하지만 죽음—망각—은 확실한 운명인데도 햄릿은 곤경에서 벗어나려고 하지 않는다. 그의 행위는 양심에 따른 것이고, 바로 거기에 장대한 역사 전체가 자리하고 있다. 쇼펜하우어는 이를 탁월하게 표현한다. 인간은 "모든 곳에서 적을 발견하고, 끊임없이 싸우며 살다 손에 칼을 쥔 채 죽는다".[9]

다시 말해, 인간에게는 야심이 있다. 분명 야심에는 좋은 면이 있으며, 그러한 사례를 다수 찾아볼 수 있다. 야심이 없다면 정치적·경제적 발전은 불가능하다. 잘 설계되어 제대로 기능하는 국가는 야심을 활용하는 반면, 경직된 권위주의 정권은 야심을 질식시킨다. 대개 우리는 순전히 개인적인 야심을 통해 세계의 틀을 만들고 개선해나간다. 비록 국가가 정의롭지 않더라도 권위에 도전하기 위해서는 야심—언제나 공포로 뒷받침된다!—이 필요하다.

국가 운영에서 더 나은 결과를 낳는 것은 바로 용기와 두려움 사이에서 제대로 주저하는 태도다. 용기만 있다면 야심의 도움을 받더라도 무책임한 재앙으로 이어질 수 있는 반면, 두려움은 그 자체로 정책 결정권자들을 마비시킨다. 뮌헨에서 체임벌린을 움직인 동기는 불필요한 세계대전을 또다시 치를지 모른다는 두려움이었다. 이 글을 쓰는 지금 나는 미국 앞에 놓인 도전이 중대하다는 것을 알고 있다. 어쨌든 아프가니스탄과 이라크는 제한적인 제국주의적 전쟁이었고, 광대하고 자원이 풍부한 대륙을 양쪽의 대양이 감싸고 보호하는 지리를 가진 미국은 두 전쟁에서 회복할 수 있다. 두 나라에서 발생한 미국인 사상자는 한국과 베트남에서 발생한 사상자 수와 비교할 때 몇 배나 적다. 미국은 한국과 베트남에서 입은 상처를 회복하고 결국 냉전에서 승리했다. 하지만 지금은 핵을 보유한 강대국인 중국, 러시아와 치열한 경쟁을 벌이고 있다. 게다가 이 나라들은 어마어마한 수량의 정밀 유도 무기와 가공할 사이버 역량으로 무장하고 있다. 이 새로운 시대에는 아프가니스탄과 이라크에서와 같은 심각한 오판을 재현할 경우 세계에 파국이 닥칠 것이다. 이제 워싱턴의 정책 결정권자들은 기나긴 냉전 시기 동안 선배 정책 결정권자들이 그랬듯 두려움과 야심 사이에서 제대로 균형을 잡아야 한다.

아이젠하워는 특히 그런 인물이었다. 그는 거대한 핵무기를 사용하는 재량권을 부여받은 최초의 대통령이었다. 아이젠하워는 몇 차례 위기 상황에 직면했을 때 미국의 이익을 위해 핵무기를 사용하라는 고문들의 조언을 물리침으로써 이후 수십 년을 위한 선례를 남겼다. 1953년 그는 한국에서 전면적 승리를 얻기 위해 싸우는 대신 휴전을 받아들였다. 그의 "중도" 전략은 강철같이 탄탄한 성격과 인성이 유기적으로 결합한 결과였다. 그는 로버트 태프트 상원의원의 고립주의와 조지프 매카시의 광적인 반공주의에서 공화당과 조국을 구하기 위해 대통령에 출마한 인물이었다. 1954년 프랑스군이 베트남 디엔비엔푸에서 참패했을 때, 그는 아시아에서 지상전에 말려들까봐 두려워 프랑스에 군사적 지원을 하지 않는 쪽을 선택했다. 그리고 미국과 소련의 열핵무기 교착상태가 얼마나 취약한지 알았기 때문에 1956년 헝가리혁명을 짓밟은 소련에 맞서 개입하는 길을 선택하지 않았다. 지금 생각해보면 1950년대가 지루하고 평화로워 보일지 모르지만, 이는 모두 아이젠하워의 건설적인 비관주의 덕분이다. 노르망디 침공을 진두지휘한 아이젠하워는 야심뿐만 아니라 두려움에도 지배된 인물이었다.

8장

전쟁과 그 참화

이라크와 아프가니스탄에서 종군기자로 활동한 경험을 떠올리다보면 아이스킬로스의 『아가멤논』에 나오는 이 구절이 생각난다.

우리의 노고를 알아주었으면! 불편한 잠자리와
비좁은 통로에서 아무렇게나 잠을 잤지요……
트로이아의 해변에서는(지금도 지긋지긋합니다),
적의 성벽 아래서 야영을 했는데,
하늘에서는 끝없이 저주 같은 비가 퍼붓고
땅은 이슬에 젖어 우리 옷에는 이가 바글바글했지요.[1]

전쟁이 끔찍한 것은 단지 죽거나 부상당할 분명한 위험 때문만이 아니다. 그러한 위협에 대한 끊임없는 공포에 절대 사그라지지 않는 극도의 불편함이 언제까지고 계속될 거라는 예감이 겹쳐진다. 덥지 않으면 추운 극단적인 날씨, 딱딱한 침상, 제대로 씻지도 못하고 육체적 욕구를 참아야 하는 상황, 고약한 냄새와 감각 상실, 매일 똑같은 형편없는 음식, 이 모든 게 걸핏하면 벌어지는 근접전과 결합되어 전쟁은 상상조차 하기 싫은 끔찍한 일이 된다. 10대 병사들이 저지르는 범죄는 이미 1990년대 초에 서아프리카에서 경험한 바 있었지만, 내가 전쟁을 지지하는 걸 영원히 두려워하게 된 계기는 2004년 4월 이라크에서 벌어진 1차 팔루자전투였다.

팔루자에 있는 동안 나는 내내 공포에 떨었고, 내가 보고 들은 걸 쉬지 않고 기자 노트에 적는 것으로 가까스로 공포를 억누를 수 있었다. 사방에서 끊임없이 휘몰아치는 총격과 포격의 아수라장, 그 와중에 피어오르는 주변의 흙먼지와 쓰레기가 몇 분, 몇 시간이 아니라 며칠 동안 휘날리는 광경, 그것이 내가 보고 들은 것들이다. 그 며칠이 마치 몇 년처럼 지루하게 이어졌는데, 이미 내가 이라크 안바르주에서 해병대와 함께 겪었던 일들을 극도로 압축해놓은 것 같았다. 또한 그 일이 있기 몇 달 전 아프가니스탄 동부와 남부에서 육군

소속의 소규모 특수부대와 경험했던 것보다 훨씬 격렬했다.

전쟁은, 민간인 사상자가 거의 또는 전혀 없고 명예를 아는 사람들끼리 싸워서 비교적 깔끔한 경우라고 해도, 그야말로 지옥이다. 전쟁을 한 번도 겪어보지 않은 이들만이 순수한 양심으로 전쟁을 지지하는 호사를 누릴 수 있다.

전쟁을 명예와 동일시하는 것에 관해 말하자면, 셰익스피어의 『헨리 4세』 1부에서 폴스타프가 그 특유의 유머를 곁들인 진지한 어조로 그런 망상을 일축한 말이 유명하다.

명예가 잘린 다리를 붙일 줄 알아? 아니. 팔은? 아니. 상처의 통증을 없앨 줄 알아? 아니. 그러면 수술을 할 줄 모른단 말이지? 그래. 명예가 뭐야? 말이지. 명예란 말 속에 뭐가 있어? 명예가 뭐야? 바람. 계산은 깔끔하군! 누구한테 명예가 있지? 수요일에 죽은 사람. 그 사람이 명예를 느끼나? 명예를 들어? 아니.[2]

요컨대 어떤 상황에서든 폭력을 이상화하는 것은 극악무도한 동시에 순진한 일이다. 아이스킬로스와 소포클레스, 에우리피데스가 모두 이 점을 깨닫기는 했지만, 아이스킬로스와 소포클레스는 주로 폭력이 국가와 사회에 미치는 영향에 관심을 기울이는 반면, 에우리피데스는 개인에게 미치는 영향을 파고든다. 그 점에서 에우리피데스는 혐오와 반역의 독창적인 정신을 품고 있다. 그는 권력에 책임을 묻는다. 그러므로 그의 작품에는 대단히 현대적인 논증의 층위가 존재한다. F. L. 루커스가 말하듯, 에우리피데스는 역사상 최초로 "나라의 경계를 넘어 선량한 세계 시민이 된" 작가로 손꼽힌다.[3] 소포클레스의 언어와 사고는 정교하게 다듬어져 있을지 몰라도, 내 기억에 지울 수 없는 인상을 남긴 것은 에우리피데스의 작품들이다―특히 전쟁으로 피폐해진 이라크와 아프가니스탄을 몇 차례 방문한 뒤로는 더더욱 그렇다.

물론 때로는 전쟁을 피할 수 없다는 문제가 여전히 남아 있다―전쟁을 피하면 국익에 직접적인 위협이 되고, 한층 잔인하고 억압적인 질서를 창조하는 이들의 수중에 세계가 들어갈 것이기 때문이다. 그러므로 전쟁이 필요한 시기가 매우 드물다는 점을 알 수 있게 시민들에게 전쟁에 대한 절대적 두려움을 심어주는 게 중요해진다. 이런 일을 할 수 있는 두 가지는 문학과 경험이다. 전쟁을 실제로 경험하는 것 그리고 전쟁을 재현하는 것이다. 이 점을 고려할 때 그 누구도 에우리피데스를 능가하지 못한다.

에우리피데스가 이중으로 중요해지는 것은 미국이 베트

남과 이라크에서 언제 전쟁을 벌여야 하는지 판단하는 시험에서 실패했기 때문이다. 더욱이 두 세대 동안 지원병으로만 군대가 구성된 탓에 전쟁에 관해 본능적인 혐오를 불어넣는 전투와 전투 훈련 경험을 한 사람이 거의 없다. 에우리피데스의 문학 같은 것이 더더욱 필요한 것은 이 때문이다. 이런 문학을 접하지 않으면, 학위는 많아도 삶의 경험은 전무하다시피 한 상당수 전문가들의 마음속에서 전쟁이 가볍게 여겨지고, 모든 해가 1939년이 되며, 모든 적이 히틀러가 되어버린다.

대다수 아테네 사람처럼 에우리피데스 역시 원래는 스파르타의 군국주의에 몸서리치고 펠로폰네소스전쟁이 정당하다고 여겼다. 하지만 전쟁이 10년을 넘기자 그는 환멸을 느끼기 시작했고, 기원전 416년 아테네군이 에게해 남쪽의 작은 섬 멜로스에서 민간인을 학살한 사건이 벌어지자 결국 돌아섰다. 당시 무슨 일이 벌어진 걸까? 아테네인들은 몇 차례 습격을 통해 멜로스가 조상이 같은 스파르타와 유대를 끊고 아테네에 복종하게 만들려고 했다. 하지만 이에 실패하자 아테네는 상당수의 군대를 섬에 보냈다. 투키디데스가 상상한 멜로스인과 아테네인의 대화에 따르면, 멜로스인들은 독립과 중립이 자신들의 권리라고 주장했다. 그러자 아테네인들은 이 세상에서 유일한 권리는 오직 군사력뿐이며, 자신들이 군사력을 행사하지 않으면 나약해 보일 것이라고 대꾸했다. 그러고는 멜로스 남자를 모두 죽이고 여자와 아이들은 노예로 삼았다. 이 잔학 행위에 대해 에우리피데스가 보인 반응이 이듬해에 발표한 작품 『트로이아 여인들』이다.

이 작품은 그리스가 트로이아에 승리를 거두면서 벌어진 끔찍한 인간적 결과를 영화처럼 생생하게 보여준다. 그리하여 고야의 충격적인 그림뿐만 아니라 자욱한 모래 먼지 속에 파리떼가 들끓는 오늘날 중동 전장의 풍경을 떠올리게 한다.[4] 트로이아 왕비 헤카베는 딸과 며느리가 그리스인들의 노예와 첩이 되고, 다른 딸은 아킬레우스의 무덤에 제물로 바쳐지며, 어린 손자는 트로이아의 성벽에서 내던져져 죽는 것을 목격한다. 온 도시와 사람들이 막 몰살당했는데, 한 명 한 명 기억할 만한 여자들―한때 부유하고 권세가 있었으나 이제 무기력한 처지로 전락한―이 이 모든 상황을 낱낱이 알려준다. 에우리피데스가 그토록 현대적인 것은 이 때문이다. 그는 기원전 416년 아테네가 멜로스의 민간인들에게 가하는 폭력을 보고 느낀 비통함을 그보다 800년 전 트로이아인들에게 가해진 폭력에 이입한다.

아이스킬로스는 전형을 창조하는 자질을, 소포클레스는 분석적 예리함을 가지고 있지만, 에우리피데스에게는 두 사람에게 부족한 에너지와 텍스처가 있다. 『아울리스의 이피게네이아』나 『박코스 여신도들』에서 그랬듯, 『트로이아 여인들』에서도 이를 경험할 수 있다. 기원전 5세기의 아테네에게는 트로이아 함락이 까마득한 옛날 머나먼 나라에서 일어난 반신화적인 사건이었을 텐데도 『트로이아 여인들』은 분노로 생동한다.

여기서 쟁점이 되는 것은 무언가가 돌이킬 수 없을 정도로 잘못되었는데 바로잡는 게 불가능한—따라서 때로는 전쟁을 지지해야 하는—세계에서 책임을 지는 문제이기 때문에, 전쟁의 실상을 직시하기 위해서는 『트로이아 여인들』을 간략하게 설명할 필요가 있다.

이 작품은 함락되어 파괴된 도시의 폐허를 배경으로 서 있는 지저분한 임시 천막 장면으로 시작된다. 헤카베 왕비를 비롯해 몇 안 되는 생존자들이 머리가 깎이고 넝마를 입은 차림으로 나타난다. 왕비가 울부짖는다.

오 신이시여, 오 신이시여, 내가 누구의 노예가 될까요?
이 넓은 세상 어디서

여생을 보내면서 허드렛일을 하려나?

아무 감정도 없는 구부정한

주검의 연약한 형상에 지나지 않을 텐데.

저들의 문간을 지키는

문지기가 되려나? 아이들을 돌보는 하녀가 되려나?

한때 트로이아의 왕비였던 내가?[5]

하루아침에 전쟁 난민이 되어 고달픈 신세로 전락하고 모르는 사람들 사이에서 그저 생존을 위해 분투해야 하는 사람이라면 누구나 외칠 법한 한탄이다.

에우리피데스는 전쟁을 보편화하며, 마찬가지로 난민이 겪는 경험도 일반화한다.

그들은 쓰러졌지요, 한 명씩 한 명씩.

그들의 나라가 위협받은 것도 아니고

변경이 습격당하거나

높은 성벽의 도시가 무너진 것도 아닌데.

아레스에게 잡힌 이들은 다시는

자식들도 보지 못하고 아내가 입혀준

수의도 없이 모두 이국땅에 묻혀 있어요.

카플란의 현명한 정치가

고향 사정도 나쁘기는 매일반이에요. 그들의 아내들은
과부로 죽어가고, 부모들은 자식 없이 죽지요……
전쟁을 선택하는 건 미친 짓이에요……[6]

이것은 고통만 안겨줄 뿐인 예언 능력을 가진 헤카베의 딸 카산드라가 한 말이다. "전쟁을 선택하는"이라는 표현은 2009년에 앨런 샤피로가 채택한 고대 그리스어 번역어이다. 이 구절은 분명 당시 6년째 이어지던 이라크전쟁을 상기시킨다. 이라크전쟁은 존재하지도 않는 대량 살상 무기를 제거하기 위한 전쟁이었다. 트로이아전쟁의 경우 그리스인들은 오로지 헬레네의 평판을 위해 싸웠다. 즉 "한 여인 때문에 / 억지로 끌려온 게 아닌 여인 때문에".[7] 그 때문에 무수히 많은 인명이 스러졌다.

그리고 칼에 쓰러진 트로이아의 영웅 헥토르의 부인 안드로마케가 아들 아스티아낙스를 안은 채 트로이아의 전리품을 잔뜩 실은 삐거덕거리는 수레에 실려 무대에 등장하는 순간, 폭력으로 난무한 전쟁이라는 광대한 캔버스를 배경으로 추잡하고 초라한 인간의 삶이 드러난다. 안드로마케는 얼마 전 제물로 바쳐진 헤카베의 막내딸 폴릭세네를 언급하며 죽은 자가 산 자보다 낫다고 말한다. 승리한 그리스군이 트로이아의 높은 성벽 위에서 어린 아스티아낙스를 돌바닥에 내던질 때 전쟁의 본질이 극명하게 드러난다―한 어린 무고한 생명을 죽이고, 그로 인해 한 가족이 모두 영원히 슬픔에 빠지며 파멸하는 것이다. "그 어떤 야만인도 이런 잔학한 짓은 생각조차 할 수 없을 거예요"라고 안드로마케는 울부짖는다.[8] 헤카베가 대답한다. 어떤 신도 그럴 수 없다고, 왜냐하면 이건 인간이 벌이는 죄악이니까.

결국 신들은 우리를 위해 아무것도 해주시지 않았지.
고통과 더 많은 고통만 안겨주신 거야.[9]

신들의 보호를 받지 못하고 오직 자신들의 힘에만 의지해야 하는 사람들은 세상에서 잊힌다. 그리스군이 트로이아의 잔해에 불을 지르면서 절멸이 마무리된다. 작품은 재와 연기 속에 "이름도 없이 사라지는" 광경으로 끝난다.[10] 관객의 마음을 달래주는 희망 따위는 없다. 아무런 위안도 없다. T. S. 엘리엇은 스토아학파가 원래 노예들을 위한 철학이었다고 상기시킨다.[11] 바로 이것이 20세기를 관통해 21세기로 이어지는 전쟁의 역사다.

전쟁과 평화를 놓고 결정을 내려야 하는 정책 결정권자들은 불안하다. 전쟁은 너무도 끔찍하기 때문에 최소한 그런 선택을 내려야 하는 사람을 부러워해서는 안 된다. 전쟁의 희생자들을 안타깝게 여기는 것은 도덕적으로 필요하고 감정적으로 만족스러운 일이지만, 분석적으로는 안일한 일이다. 에우리피데스 같은 이들에게 전혀 동정받지 못할 것임을 아는 정책 결정권자들이 밤이면 후회로 고통스러워하는 반면 지식인들은 그토록 자신만만해하는 이유가 여기에 있다.

물론 인간의 합리화와 회피 능력은 무궁무진하며, 지식인들은 어느 누구보다도 이런 능력이 뛰어나다. 그런데 무수한 지식인들 가운데 지난 20년간 중동에서 저지른 어리석은 판단의 대가를 몸소 맞닥뜨린 사람은 과연 몇이나 될까? 상당수가 적어도 어두운 침실 안에서는 그럴 것이다. 하지만 신문과 방송에서 보이는 모습으로 판단하건대, 대다수는 그렇지 않다.

2021년 여름, 바이든 행정부가 무능하기 짝이 없게 아프가니스탄 철수를 계획하고 실행하면서 정책 엘리트 집단과 지식인들이 20년간 꾸며낸 가식으로도 가릴 수 없는 극명한 진실이 드러났다. 아프가니스탄의 국가와 군대는 일종의 허구였다. 정작 필요할 때 국가와 군대는 의지할 수 있는 존재가 아니었다. 우리는 20년간 전투를 벌이면서 수조 달러를 퍼부었지만, 결국 아무것도 건설하지 못했다. 아프가니스탄과 이라크 전쟁은 한국이나 베트남과 비교하면 사상자 수가 아주 미미하다. 하지만 비유적 의미에서 본다면, 우리가 벌인 중동 전쟁의 처참한 실패는 오래도록 엄중한 경고 표시등으로 살아남을 것이다.

9장

끊이지 않는 전쟁으로
권력의 짐은 어마어마하다

셰익스피어의 카이사르는 용기의 본질을 압축해 말해준다.

겁쟁이는 여러 차례 죽음을 맞이하나
용감한 사람은 단 한 번 죽음을 맛본다.[1]

아마 문학작품 속 인물 가운데 카이사르보다 용감한 존재는 프로메테우스가 유일할 것이다. 프로메테우스는 모든 참화를 내다보는데, 그것을 막기 위해 할 수 있는 일은 없다는 것을 알며, 가장 고통스러운 고난을 영원히 견디는 등 그의 결의는 참으로 장엄하다.

진정으로 용감한 이들이 타인의 원한을 사는 것은 바로 그들이 그런 고난을 견딜 수 있기 때문이다. 하지만 필라데스는 사촌 오레스테스에게 이렇게 말한다.

만인을 적으로 만들지언정 신들을 적으로 만들어서는 안 된다네.[2]

다시 말해, 용감한 사람은 자신에게 진실하기 때문에 용감하다. 따라서 용감한 사람은 홀로 안다. 최악의 진실을 아는 햄릿을 생각해보라. 이로써 햄릿은 현명해지지만 누가 햄릿이 되고 싶겠는가?

"아무것도 모르는 네가 부럽구나." 지식과 권력의 무시무시한 짐을 느끼는 아가멤논은 딸 이피게네이아에게 이렇게 말한다. "나도 너처럼 세상일을 모르면 좋으련만!"[3] 아가멤논은 미천한 사람은 마음대로 울 수 있고 "슬픈 일을 전부 털어놓을" 수 있지만, 책임을 지는 사람, 무시무시한 진실을 아는 사람은 설령 군중의 노예일지라도 존엄을 지켜야 한다는 걸 안다.[4]

아가멤논과 햄릿 사이에는 결정적인 차이가 있다. 두 사람 모두 지식이 있지만, 트로이아와의 대결을 눈앞에 둔 그리스

군의 총사령관 아가멤논은 행동해야 한다. 그것도 아주 신속하게. 반면 햄릿은 심사숙고할 여유가 있다. 간혹 지도자는 자기를 속여야 한다고들 말한다. 그러지 않으면 행동할 수 없기 때문이다. 하지만 지도자는 어떤 길을 택하든 자신이 하려는 행동이 어떤 피해를 야기할지 낱낱이 살피면서도 결단을 내려야 한다. 지도자는 멀리 떨어진 현장의 현실이 흑과 백으로 선명하게 구분되지 않으며, 상황이 수수께끼투성이라는 걸 안다. 하지만 그렇더라도 흑과 백이 분명히 존재하고 수수께끼 따위는 없다는 듯 행동할 수밖에 없다. 그 정의를 살펴보더라도 행동은 세부적인 지적 논증을 필요로 하지 않는다. 그리고 지도자는 훗날 평가를 받을 뿐, 행동하는 바로 그 순간에는 자신 앞에 놓인 사실들만 알 수 있다. 증거는 기껏해야 부분적인 반면, 그 증거를 가지고 내려야 하는 결정은 돌이킬 수 없다. 그렇기 때문에 용기는 지도력과 떼려야 뗄 수 없이 연결되는 것이다.

셰익스피어의 리처드 2세를 생각해보라. 해럴드 블룸의 말을 빌리자면, 그는 "정치인으로서 무능하기 짝이 없지만 은유의 장인"이고, 형편없는 왕이자 지도자이지만 섬세한 달변의 시인이다.[5] 이번에도 국왕이나 정치 지도자보다는 지식인이나 예술가―또는 언론인―가 되는 게 훨씬 쉽다. 지도자가 느끼는 고독의 깊이는 보통 사람들과는 차원이 다르다. 언론인들은 자신들이 권력 앞에서 진실을 말한다고 자화자찬한다. 하지만 현실은 훨씬 복잡하다. 언론인들이 목청 높여 말하는 진실은 권력자들이 은폐하는 진실이 아니라, 대개 권력자들이 잘 알고 있지만 상황을 한층 악화시킬까봐 공개적으로 함부로 행동하거나 발언할 수 없는 것에 관한 진실이다.

물론 이 모든 것은 지도자가 합리적인 인식 수준을 갖고 있다고 가정할 때의 이야기다. 가령 맥베스와 맥베스 부인은 자신들이 어느 길 위에 있는지를 알아보거나 자신들의 행동이 어떤 결과를 낳을지를 파악하는 역량이 거의 없다. 오직 어둠 속에 홀로 죄의식을 느낄 때에만 그렇게 할 수 있다. 맥베스 부인은 몽유병 증세를 보이며, 피 묻은 손을 씻는 꿈을 꾼다. 얼마나 많은 현대의 독재자가 뱅쿼의 유령을 보았을까? 맥베스 같은 통치자들에게만 마음의 평화가 없는 게 아니라 나쁜 선택을 한 통치자들에게도 그런 평화는 없다. 가령 리어 왕은 맥베스처럼 잔인하지는 않지만, 그의 딸 리건의 평가는 박하다. "아버지는 원래 자기 자신에 대해 거의 알지 못하는 분이었다."[6] 리어 왕은 자기인식을 거부한다. 권력을 내려놓음으로써 왕은 자연이 제공하는 최악의 사태, 즉 헌신적인 딸이 죽임당하는 것을 보고 슬픔을 이기지 못해 죽는 고통을 겪는다. 셰익스피어의 비극 가운데 가장 심오하고 비통한 이 작품은 관객을 한층 더 현명하게 만들어 세상에 다시 내보낸다. 아무리 노령 때문이라고 해도 권력과 책임을 내려놓으면 최악의 결과로 이어질 수 있다는 사실을 일깨워 주는 것이다.

비극에 가장 혹독하면서도 중요한 순간들을 제공하는 것은 다름 아닌 지도자가 짊어진 짐이다.

우리는 권력의 짐을 생각할 때마다 곧바로 실패한 전쟁과 연관시킨다. 수많은 자국민과 무수히 많은 민간인을 헛되이 죽게 만들고 자신의 조국이나 왕국, 도시국가에 끔찍한 정치적 결과를 안겨주었다는 걸 아는 것만큼 지도자의 내적 평화에 큰 부담을 안기는 일은 없다. 지도자는 죽어가면서도 마지막까지 그 생각에 몰두하게 마련이다.

이와 관련하여 미국인들은 제일 먼저 베트남전쟁을 떠올린다. 투키디데스가 『펠로폰네소스전쟁사』에서 묘사한 기원전 5세기 말 아테네인들의 불운한 시칠리아 원정과 이따금 비교되는 전쟁이다. 아테네가 처음 시칠리아를 침략한 순간부터 결국 최종적으로 대패하기까지 14년이 걸렸다. 케네디 행정부가 베트남을 처음 침략하여 제럴드 포드 대통령이 최종적으로 철수하기까지 걸린 기간과 똑같다. 미국은 북베트남의 공산군에 포위당한 남베트남 동맹의 유혹에 넘어가 지구 반대편으로 달려갔다. 아테네 역시 자신들의 경쟁자이자 스파르타의 동맹국인 시라쿠사에 충성하는 시칠리아의 다른 도시국가들에게 위협받는 현지 동맹의 꾐에 빠져 시칠리아로 쳐들어갔다. 케네디 행정부가 베트남에 제한된 규모의 특수작전부대를 급파하는 것으로 시작해서 린든 존슨 대통령 시절에 50만이 넘는 정규 부대를 파병할 정도로 개입 규모를 극적으로 확대한 것처럼, 아테네의 시칠리아 원정도 처음에는 반시라쿠사 동맹들을 지원하기 위해 배 20척을 보내는 데 그쳤지만, 금세 트리에레스선* 100척, 수많은 수송선, 장갑 보병 5,000명으로 규모가 불어났다. 해양 제국 전체의 위신이 머나먼 시칠리아에서 군사적 승리를 거두는 일에 달려 있던 터라 아테네는 계속 인력을 쏟아부었다. 시칠리아 원정은 결국 4만 명을 파병한 아테네의 패배로 끝났고, 이 가운데 살아남은 6,000명은 시라쿠사의 채석장에서 노역을 하고 노예로 팔렸다. 미국의 베트남 개입은 공산주의 북베트남이 남베트남을 괴멸시키고 마지막으로 남은 미국인들이 사이공의

---

* 갤리선 형태의 삼단노선으로 고대 해전의 주력함.

미국 대사관 지붕 위에서 헬리콥터를 타고 탈출하는 것으로 끝났다. 존슨 대통령은 전쟁이 끝나기 직전에 상심을 견디지 못하고 사망했다.

권력의 짐을 이겨내지 못한 비극적 지도자를 보여주는 훨씬 더 통렬한 사례가 있다. 고대 그리스와 최근의 미국에서 모두 찾아볼 수 있다. 기원전 480년 크세르크세스 치하의 페르시아가 벌인 2차 그리스 침략은 2003년 조지 W. 부시 대통령의 미국이 이라크를 상대로 벌인 2차 이라크전쟁의 전조처럼 보인다. 이런 비교가 대개 그렇듯이, 두 전쟁은 커다란 차이가 있지만 비슷한 점이 유독 돋보인다.

크세르크세스가 그리스를 침략할 당시 거대한 제국이었던 페르시아는 역사가 채 100년도 되지 않아 상대적으로 새롭고 역동적이었으며, 그 중심지는 그리스 동쪽으로부터 약 1,600킬로미터 떨어진 곳에 위치해 있었다. 페르시아제국을 창건한 키루스 대제(키루스 2세)는 메디아에 이어 소아시아의 리디아를 흡수했고, 결국 페르시아가 동쪽으로 인도아대륙 경계까지 진출하는 순간에는 에게해에 면한 몇몇 그리스 도시도 함락되었다. 승승장구하는 제국 앞에 적수는 없어 보였다. 키루스의 뒤를 이어 캄비세스가 왕위에 올랐고, 다리우스가 그 뒤를 이었다. 헤로도토스에 따르면, 다리우스는 해상을 통한 그리스 침략을 확대해나가던 기원전 490년 아테네 군이 마라톤에서 페르시아 군대에 승리를 거뒀다는 소식을 들었다. 그럼에도 불구하고 다리우스는 기원전 486년 사망하기 전에 마케도니아와 키클라데스제도에 있는 그리스의 영토를 복속시키는 데 성공했다. 그의 아들 크세르크세스는 왕위에 오르자마자 곧바로 두 번째 그리스 침략을 준비하기 시작했다. 그리스는 다리우스와 크세르크세스 부자를 괴롭혔고, 10여 년의 간격을 두고 두 차례의 전쟁이 벌어졌다. 이라크전쟁 역시 10여 년의 간격을 두고 벌어지면서 부시 부자를 괴롭힌 바 있다. 한편 다리우스나 그의 아들 크세르크세스의 역사적 명성이 대그리스 전쟁으로 훼손되지 않은 반면, 조지 H. W. 부시가 쿠웨이트에서 이라크군을 물리친 것은 승리였지만, 아들 부시의 전쟁은 재앙으로 판명됐다.

예일대학교 고전학 교수 C. 존 헤링턴은 "페르시아제국이 (크세르크세스 치하에서) 빠르게 팽창하다 갑작스럽게 치욕을 겪은 것은 역사적 측면에서 진지하게 말하더라도 이미 극적인 요소가 가득하다"고 말한다.[7] 조지 W. 부시의 미 제국이 이라크에서 벌인 전쟁에 관해서도 결국 비슷하게 이야기할 수 있다. 둘 다 역사상 거대한 반전으로 손꼽힌다.

2차 페르시아전쟁은 그리스비극에서 유일하게 당대에 벌

어진 역사적 사건이다―아테네 극작가들이 쓴 다른 작품들은 모두 머나먼 과거의 신화를 다룬다. 더욱이 기원전 472년에 만들어진 아이스킬로스의 첫 번째 희곡『페르시아인들』은 서구 전통에 전해지는 희곡 가운데 가장 오래된 작품이다. 아이스킬로스는 마라톤전투에 병사로 참전했는데, 역사학자가 아니라 자신이 목격한 사건을 받아들이려고 애쓰는 한 개인으로서 글을 썼다. 작품에서는 운명 자체의 계시가 드러난다. 아버지가 물려준 제국의 유산을 산산이 박살내는 "무능한" 크세르크세스에 비해 다리우스는 "성공한" 아버지로 묘사된다.[8] 하지만 여기서 아이스킬로스가 보내는 오만에 대한 경고는 패배한 페르시아인들에게만 해당되는 게 아니다. 이 경고는 승리한 그리스인들에게도 선견지명같이 적용된다. 그리스인들도 불과 100여 년 뒤에 시칠리아 원정에서 재앙을 겪기 때문이다.

『페르시아인들』은 자국 군대가 패배할 가능성을 완전히 배제한 채 파죽지세로 진군 중이라는 소식을 기다리는 후방의 광경으로 시작한다. 최근의 일들을 볼 때 그들이 그렇게 기대하는 것은 당연하다. "그런 꽃다운 전사들이 페르시아 / 땅에서 멀리 떠나갔노라."[9] 2003년 미국 지상군이 바그다드로 진격하고 있다는 소식에 귀 기울이던 미국 본토에서도 똑

같은 생각을 했다. 발칸전쟁뿐만 아니라 1차 이라크전쟁에서 거둔 결과 때문에 또다시 손쉽게 승리를 거둘 것이라는 전망이 팽배했다. 2003년에도 그랬듯, 기원전 480년에도 후방에 있는 사람들은 처음에는 전쟁을 "성스러운 임무"로 여겼다.[10]

하지만 "적국 그리스로 진격한 것도 / 모두 허사였다". 페르시아 병사들은 "비명횡사해서 살라미스섬과 인근 지역의 해안들에 / 시체 산을 이루었다".[11] 침략군에게 유리해 보였던 모든 것이 낯선 적지 한가운데서 점점 사그라진다.

어떤 힘이—
어떤 신적인 힘이—
운의 저울을 한쪽으로 기울여서
우리의 군대를 몰살했습니다.[12]

물론 워낙 엄청난 계산 착오가 생겨난 것을 보면 뭔가 더 큰 뜻, 즉 신들이 겸손을 가르치기 위해 행동에 나선 게 분명하다. 하지만 "살아 있는 모든 이가 도살당할 때까지" 전황은 나빠지기만 한다. 다른 사람들은 굶어 죽거나 목말라 죽고, 페르시아 군대는 기도하며 목숨을 구걸할 뿐이다. 크세르크세스는 이제 본국에서 "완패를 초래한…… 성미 급한" 왕으로 묘사된다.[13] 합창단은 질문한다.

왜 시대가 바뀌었는가?[14]

위대한 아버지를 생각하면 무능하기 짝이 없는 크세르크세스는 자연을 거스른 죄악처럼 보인다. 이렇게 되면 안 되었다. 합창단은 다리우스의 혼령을 풀어주기라도 하려는 듯 땅을 후벼 판다.

영원한 우리의 대왕마마
가까이 오셔서
나타나소서……
무해하신 아버지
다리우스시여
풀려나소서.[15]

비극은 주인공의 운에 갑작스러운 변화가 있을 거라는 신호를 보낸다. 더 영광스러운 시대와 더 쉽고 결정적인 전쟁을 바라는 거대한 열망이 존재한다. 하지만 제우스는 "오만 불손한 마음의 응징자"이자 "준엄한 판관"이다.[16]

소소한 문제에 관해서는 언제나 논란의 여지가 있다. 이 경우 혹은 다른 경우에 크세르크세스가 이렇게만 했더라면……. 아들 부시가 재선된 직후인 2004년에 국방장관 도널드 럼즈펠드를 해임하기만 했더라도 2년 뒤에 해임했을 때보다 한결 손쉽게 처리할 수 있었을 텐데……. 그러면 금세 기류가 바뀌었을 텐데……. 하지만 무언가 더 큰 힘이 작동하는 바로 그 순간 모든 소소한 일들과 상황이 우리에게 불리하게 작용한다. 허나 책임을 전가하지 말지어다. 운명은 우리가 스스로에게 행하고 나중에 신들에게 책임을 돌리는 것이다.

『페르시아인들』에 묘사된 전쟁과 마찬가지로, 이라크전쟁은 그 중요성에서 크세르크세스의 그리스 침략이나 불운하게 끝난 나폴레옹과 히틀러의 러시아 침략에 맞먹지는 않더라도 신화적 사건이다. 베트남이나 시칠리아 원정과 마찬가지로, 이라크 역시 결코 잊히지 않을 것이다. 폭정에 시달리는 이라크나 이후에 무정부 상태로 전락한 이라크를 직접 경험한 사람으로서—그리고 생생한 폭정의 경험 때문에 전쟁을 지지한 사람으로서—나는 그 진실을 받아들여야만 한다. 문학은 영감뿐만 아니라 고통 역시 안겨준다. 비극은 어느 누구도 양심에 떳떳하게 죽을 수 없다는 것을 가르쳐준다.

10장

제국의 전쟁은
운명에 의해 결정된다

민주정과 공화정은 시민들의 광범위한 정치 참여를 허용함으로써 인간의 개입이라는 이상理想을 구체적으로 보여준다. 따라서 신이 아니라 개인의 행동이 우리의 운명을 결정한다. 하지만 공화정과 민주정이 점차 성공을 거두어 제국이 되면서 수많은 거대한 역사적 힘이 새롭게 작동하여 인간 행위의 작용이라는 이상이 약해져 다시 운명이 끼어든다. 소수의 사람들이 여러 사건에 커다란 영향을 미친『코리올라누스』와『율리우스 카이사르』의 초기 로마뿐만 아니라 개인 영웅들이 등장하는 호메로스의 세계 역시『안토니우스와 클레오파트라』(셰익스피어)의 세계와는 차이가 있다.『안토니우스와 클레오파트라』에는 세계 방방곡곡의 서로 다른 흐름들과 수많은 역사적 시대가 교차하는, 사방으로 뻗어나가는 제국의 영역이 등장한다.[1] 제국은 보편성으로 이어지지만, 방향과 통제의 상실도 낳는다. 규모가 작고 공화주의가 강한 로마 시대를 환기시키는『코리올라누스』와 특히『율리우스 카이사르』는 지금 여기의 세계인 반면,『안토니우스와 클레오파트라』의 배경이 되는 세계 제국은 인간의 개입과 통제가 크게 약해진 수수께끼 같은 운명의 영역이다. 마르쿠스 안토니우스가 "장대하게 몰락"했다는 해럴드 블룸의 묘사에는 바로 이런 의미가 담겨 있는 것이다.[2] 이 쇠락한 인물을 옥타비아누스는 우리의 모든 결점들의 "정수"라고 불렀다. 그리스 시인 카바피스는 〈신이 버린 안토니우스〉에서 이를 간단명료하게 정리한다.

……이 순간 무너지는 당신의 행운을 애도하지 마라,
일이 잘못되고, 당신이 짠 계획은
모두 기만이었음이 드러난다―헛되이 슬퍼하지 마라……
마음을 굳게 먹고 창문으로 다가가
깊은 감정으로 귀 기울여라……
저 기묘한 악대의 절묘한 음악에,

카플란의 현명한 정치가

그리고 안녕을 고하라, 당신이 빼앗기는 알렉산드리아에.³

    일부 해석에 따르면, 악대와 함께 알렉산드리아를 빠져나가는 안토니우스를 버리는 신은 그에게 절제를 포기하고 클레오파트라와 성적으로 은밀한 관계를 맺도록 부추긴 자유와 혼돈의 신 바쿠스(디오니소스)다. 안토니우스가 죽자 유능한 군인 카이사르 옥타비아누스가 지중해에서 권력을 잡고, 로마제국 시대가 본격적으로 시작된다. 친밀감, 책임성, 인간 행위의 작용을 갖춘 로마 공화정의 고귀한 애국심은 사라진다. 하지만 셰익스피어 최후의 위대한 비극에서 암시되는 것처럼, 문명들의 보편적인 교류의 영향력은 커질 뿐이다. 한편에서는 폭정이 다른 한편에서는 세계사가 소용돌이치는 가운데, 브리튼섬에서부터 페르시아에 이르기까지 곳곳에서 벌어지는 일들이 새로운 제국 로마의 운명에 영향을 미친다. 그리고 인간이 무기력해서 아무것도 바꿀 수 없는 불투명한 미래가 감지된다. 마르쿠스 안토니우스가 말하는 것처럼, 오직 예언자만이 지금 어떤 일이 벌어지고 있는지 안다.

    이따금 나는 리처드 홀브룩*이 창밖으로 같은 장면을 바라보며 "저 기묘한 악대의 절묘한 음악"에 귀 기울이는 모습을, 냉전 이후의 의기양양한 미국이 막을 내리고 결국 비극적으로 제국으로 치닫는 것을 애도하는 모습을 상상한다. 홀브룩은 낭랑한 목소리에 당당하고 위압적인 풍채를 지닌 대단히 훌륭하고 헌신적인 사람으로, 머나먼 현장에서 벌어지는 구체적인 문제들을 바로잡을 수 있었다. 미국이 아프가니스탄이나 이라크 같은 나라들에서 더 큰 캔버스 속으로 성큼성큼 걸어 들어가는 동안에는 세계를 여기저기 바로잡을 수 있었을 것이다. 하지만 홀브룩이 목숨이 다하는 순간까지 아프가니스탄을 바로잡으려고 노력하면서 깨달았듯, 바로 그 세계는 점점 더 다루기 힘들다는 것이 드러났다.

우리가 더는 전쟁을 통제할 수 없다는 사실을 내가 분명히 깨달은 것은 2006년 2월 수니파 극단주의자들이 이라크 사마라의 알아스카리 사원을 폭파했을 때였다. 이 사원은 시아파의 성소 가운데 한 곳이다. 다른 어떤 행동보다 그 폭탄 테러 때문에 이라크는 전면적인 종파 전쟁으로 빠져들었다. 그즈음 이라크는 거의 틀림없이 바로잡을 수 있을 것으로 보였고, 우리의 침공은 나쁘지 않은 결말로 향하고 있었다. 하지만 사원이 붕괴하는 순간 모든 희망이 사라졌다.

---

* 미국의 저명한 외교관으로, 오바마 행정부 시기 아프가니스탄, 파키스탄 특별대사였다.

갑자기 미국인들은 세계를 바꿀 수 있는 자신들의 힘에 한계가 있다는 것을 깨달았다. 세계에는 민주주의와 관련해 미국 고유의 역사적 경험에 종속되지 않는 역사와 전통이 있었다. 10년 뒤 미국은 저속한 선동가 도널드 트럼프를 대통령으로 선출했고, 멀리 떨어진 나라들에 더 나은 거버넌스로 나아가는 경로에 관해 훈수를 둘 만한 위신을 말끔히 포기했다. 트럼프가 국내 정치에 미친 영향은 미국의 체제가 얼마나 허약한지 낱낱이 까발린 것이다. 멀리 떨어져 있는 사회들에 해답을 제공하기는커녕 우리는 그 사회들의 몇몇 병리 현상이 우리에게도 벌어지고 있다는 것을 깨달았다. 미국의 찬란한 시민 참여 문화는 사실 언론과 여론이 정치 중심부를 겨냥하던 인쇄기와 타자기 시대의 피조물이었을지도 모른다. 하지만 이제 소셜미디어의 디지털 비디오 시대는 국가 구조를 좀먹으며 워싱턴의 당파성 고착에 기여하고 있다. 지금 우리는 2차대전 덕분에 만들어지고 냉전을 거치면서 확장된 국민적 단합 대신, 해외와 국내를 막론하고 골치 아프고 위험한 세계로 달려가는 것처럼 보인다.

미국이 20세기와 21세기 초에 경험한, 공화정에서 세계 제국으로 가는 여정은 라인홀드 니부어가 말한 "역사의 거대한 거미줄"에 갇혀 길을 잃었다는 것을 의미한다. "이 과정에서 우리의 의지와 어긋나거나 정반대 방향으로 치닫는 타인의 의지 때문에 우리가 가장 열렬하게 바라는 목표가 불가피하게 방해받는다."⁴ 어느 정도의 행동의 여지가 사라지고 있다. 다시 말해, 우리는 상황을 완전히 통제하지 못한다. 이것이 지금 우리가 직면한 난제다.

  우크라이나에서 러시아와 충돌하는 것 외에 지금 미국이 직면한 문제는 타이완이나 남중국해, 동중국해에서, 또는 세 지역 모두에서 중국과 벌이는 열전의 유령이다. 안이하게 생각해서는 안 된다. 세계에서 가장 크고 발전한 두 초강대국이 서로 주먹을 날리는 이런 전쟁은 불과 며칠 동안 벌어지더라도 전 세계 금융 시장을 패닉에 빠뜨릴 것이다. 날아오는 미사일의 화염 속에 다수가 끔찍하게 목숨을 잃을 것이고, 잠수함이 반파되거나 산산조각 나는 순간 수압 때문에 승조원들은 순식간에 스러질 것이다. 모든 게 분명할 것이라고 생각해선 안 된다. 나는 오랫동안 구축함과 핵잠수함에 기자로 탑승해서 전쟁 시뮬레이션 훈련을 지켜보았다. 표면이 단단한 것은 모두 회색이고 실제로 LCD 화면에서 뿜어져나오는 열기의 냄새까지 맡을 수 있는 등 다른 감각은 전부 억제된 환경에서 수십 명의 장교와 수병이 컴퓨터 화면을 응시한다. 여기서도 이라크의 실제 포격 현장만큼이나 팽팽한 긴장이 흐른다. 클릭 한 번이면 적군이 등장하기 때문이다. 전운은 사막만큼이나 바다에서도 무겁게 드리워져 있다. 양쪽에서 쏘아대는 발사체의 수량이 너무 많아 정신을 차릴 수가 없다. 정보 시스템을 통해 표적의 상황을 순식간에 파악할 수 있지만, 상대방의 의도는 알 수 없다. 해군에서 정한 훈련 규범이 있는데도 어느 함장이 먼저 길을 양보하기로 한 것인지가 불분명해 하마터면 해상에서 충돌할 뻔한 적도 있었다. 타이완을 겨냥한 중국의 기동은 워낙 감지하기 어려운 탓에, 그것이 실제로 타이완을 침략하려는 의도에서 이루어진 것인지, 아니면 단순히 타이완의 영해를 우회하는 허위 정보 작전을 통해 상대를 약화시키려는 것이었는지는 나중에야 밝혀질 것이다.

우리는 이라크와 아프가니스탄에서 겪은 실패에 오랫동안 강박적으로 집착했다. 하지만 앞으로 훨씬 큰 위험이 도래할 것이다. 중국은 하나의 사례일 뿐이다. 러시아와 이란의 도전은 우리가 알고 있는 또 다른 사례에 불과하다. 조지 W. 부시는 비운의 인물이지만, 우리의 미래 지도자들 앞에 놓인 운명은 한층 어두울지도 모른다.

그리스어로 '모이라^{moira}'인 운명이란 무엇인가?

운명은 "각자의 몫의 분배자"이다.[5] 또는 조지 스타이너의 정의에 따르면, "맹목적인 듯 보이는 대량 학살을 통해 정의와 균형의 궁극적인 원리를 유지하는 단호한 숙명"이다.[6] 운명은 제우스의 뒤에 있는 힘이 아니라 "제우스의 의지"이며, 모리스 바우라가 말하는 것처럼, 이 때문에 모든 게 달라진다. 제우스의 의지는 이따금 바뀌기 때문이다.[7]

인간은 온통 환상에 빠져 있을 때에만 운명에 굴복하는데, 종종 그럴 뿐 항상 있는 일은 아니다. 운명의 세 여신의 예언이 실현되는 것은 여신들이 미래를 볼 수 있어서 그런 것이 아니라 맥베스의 성격에 관한 통찰이 있기 때문이다. 파국을 야기하는 것은 고귀한 성격에 포함된 하나의 결함인 경우가 종종 있다. 그 결함은 대부분 자만으로, 이로 인해 인간은 제일 먼저 환상의 희생자가 된다.[8] 따라서 아이스킬로스가 『코이포로이』에서 말하듯, 삶의 목표는 "올바름"을 통해 "제우스 신의 은혜"를 받는 것인데, 그러려면 무엇보다도 환상을 벗어던져야 한다.[9]

물론 운명의 희생자가 때로는 성격이 아주 반듯한 인물이기도 하다. 오이디푸스가 바로 그런 사람이다. 하지만 그의 삶은 재앙 그 자체다. 오이디푸스는 신들의 노리개다. 신들

카플란의 현명한 정치가

은 인류에게 교훈을 가르치기 위해 그를 이용하고 파멸시킨다. 오이디푸스 이야기에서는 어떤 인간 행위도 작용하지 않는다. 그런 점에서 그것은 암울한 이야기다. 하지만 자신에게 생긴 일을 이해하려는 오이디푸스의 분투는 더없이 순수하고 희망적인 형태의 비극을 이룬다. 비극은 천둥이 치고 폭우가 퍼붓는 가운데 산꼭대기에 서 있는 것과 비슷한 효과를 낳는다. 극도로 불편하고 위험한 상황을 통해 삶의 장엄함을 한껏 경험하는 것이다. 그리고 모든 비극의 토대는 정의상 잔인할 수밖에 없는 운명이다.

가장 품격 있고 시샘을 사는 인물은 운명에서 벗어날 수 없는 순간을 이해하고 품위 있게 순응함으로써 우리에게 어떻게 운명에 대처해야 하는지를 가르쳐주는 사람이다. 주세페 토마시 디 람페두사의 『표범』에 등장하는 공작이 그런 인물이다. 람페두사가 운명을 환기시키는 방식은 감미롭고 육감적이지만, 동시에 그 강력한 은유 때문에 귀족과는 정반대편에 서 있다. 람페두사는 19세기 시칠리아를 묘사하면서 고대 그리스인들과 같은 박력으로 비극을 정의한다.

"그들은 그곳에서 가장 감동적인 광경을 만들어냈다." 람페두사는 한 멋진 커플에 관해 이렇게 말한다. "함께 춤을 추는 두 젊은이는 사랑에 빠져 상대방의 결점을 보지 못하고, 운명의 경고를 듣지 못한 채 자신들의 삶의 경로가 무도회장 바닥처럼 매끄러울 것이라는 착각에 빠져 있었다." 그들은 한껏 달아오른 젊은 몸뚱이지만 "죽을 운명"이다. 그들의 사랑의 여로는 다른 많은 이들과 마찬가지로 "1년 동안 불타올랐다가 30년간 재로 남는다". 춤추는 연인 너머로 배경을 넓혀보면, "폭력의 풍경"과 "잔인한 기후", "모든 것을 지배하는 끝없는 긴장"으로 더럽혀진 나라가 눈에 들어온다. 정복자들은 손쉽게 해안 지방에 들어와서 기념비를 세웠지만 발전과 고된 노동의 전통은 전혀 남겨놓지 않았다.[10] 생의 막바지에 다다른 오이디푸스가 그랬듯 모든 것을 알고 있는 공작은 이 모든 상황을 인식한다. 또한 자신이 궁극적으로는 아무것도 할 수 없다는 것도 알고 있다. 시칠리아는 빽빽한 포도넝쿨에 기력을 빼앗기는 광대한 밀림 같다. 무성한 넝쿨은 서서히 그의 목을 조른다. 공작은 현명하지만 영웅은 아니다.

현명해지는 것도 한 방법이지만, 패배가 확실시되는 가운데 비인격적인 운명의 힘에 맞서 싸우는 것은 진정한 위대함을 만들어낸다. 하지만 진정한 위대함으로 가는 또 다른 길이 있는데, 이 길은 우리를 다시 오이디푸스의 이야기로 데려간다.

11장

영웅이 겪는 고난에서
비극의 본질이 나온다

소포클레스는 선한 사람과 악한 사람의 구별보다는 사람
들이 스스로를 기만하는 정도의 차이에 더 관심이 많았다.[1]
그리고 그리스비극, 아니 인간의 모든 경험을 통틀어 테바이
의 왕 오이디푸스만큼 자신에 관해 많이 알면서도 이해하는
건 너무도 적은 인물은 없다.[2]

오이디푸스는 거대한 도시를 통치했으며, 도무지 풀 수 없
을 것 같던 수수께끼를 풀어냄으로써 반인반수의 괴물 스핑
크스를 물리쳤다. 그는 뛰어난 지략 덕분에 이 모든 일을 해
냈지만, 자기 자신에 관한 가장 기본적인 사실은 알지 못한
다. 그는 자기도 모르게 아버지 라이오스 왕을 살해하고 어

머니 이오카스테와 결혼한다. 오이디푸스는 자기가 다스리는 도시를 거의 파멸시킬 뻔한 역병의 원인을 끈질기게 찾는 과정에서 이 사실—그리고 자신의 정체—을 알게 된다. 그는 두려움 없이 앎을 추구하지만, 자신에 관한 소름 끼치는 진실을 알게 되자 자기 눈알을 파버린다. 눈이 먼 그는 앞이 보일 때보다도 오히려 세상을 잘 보고 이해하기 시작한다. 딸 안티고네의 부축을 받으며 넝마 차림으로 쓸쓸하게 세상을 방랑하는 오이디푸스는 자기 삶이 파멸되었다는 것을 알고 있으며, 오로지 죄의식만 느끼며 캄캄한 어둠 속에 홀로 서 있다. 한때 위대하고 부유했던 이 왕과 같은 고통을 겪은 이는 아무도 없지만, 그는 두 딸 안티고네와 이스메네에게 "어느 누구도 너희에게 나보다 더 깊은 사랑을 줄 수는 없다"고 말한다.[3]

오이디푸스는 자신의 고난과 정신적 고문을 품위 있게 견딘다는 점에서 영웅적이다. 신들은 우리 모두에게 지금 누리는 번영이나 지위에 절대 안심하지 말라고 가르치기 위해 그를 본보기로 삼았다. 비극은 언제든 누구에게나 일어날 수 있기 때문이다. 한때 존경받는 위대한 왕이었던 오이디푸스는 이제 멸시받는 가난뱅이가 되었지만, 그는 재난을 마주한 인간의 품위를 보여주는 본보기다. 그는 진실을 추구함으로써 자신이 악하고 변변찮은 존재임을 알게 되었다. 아무리 왕이었다고 해도, 자기도 모르게 지은 죄라고 해도 그것은 중요하지 않다. 그는 자신이 겪는 고난의 정도와 범위 때문에 어떤 위대함을 성취해낸다.

"위대한 정신의 소유자는 손쉬운 표적이 된다"고 소포클레스는『아이아스』에서 말한다.[4] 그것은 비극의 또 다른 기본 양상 가운데 하나다. 참된 고난이야말로 자신의 삶과 인간의 조건에 관한 본질적인 진실을 비춰주는 유일한 길이다. 영웅은 고난을 통해 남들과 차별화되지만 결국은 자신의 삶을 원대한 설계의 일부로 바라보는 독특한 개인이다. 셰익스피어는『햄릿』에서 이렇게 말한다,

우리의 의지와 운명은 정반대로 가는지라
우리가 계획하는 건 끊임없이 뒤집힌다.
우리 생각은 우리 것이나, 그 결과는 우리 것이 아니다.[5]

우리가 달성하고자 하는 목표를 실제로 달성하기란 쉽지 않다. 우리의 생각과 그에 따른 행동이 의도하지 않은 결과로 이어지기 때문이다. 그것은 아무리 불공정할지라도 사회가 나름의 발언권을 가지고 있기 때문이다. 자기인식이 대개

너무 늦게 찾아오는 것은 비극의 또 다른 특징이다.

쇼펜하우어는 다름 아닌 우리의 지적 역량 때문에 고난이 생겨난다고 말한다. 아는 게 많을수록 걱정거리도 많아지기 때문이다. 또는 러시아 사람들이 말하는 것처럼, 아는 게 없을수록 잠을 잘 잔다. 쇼펜하우어는 세계 전체가 "속죄의 장소"라고 결론짓는다.[6] 윌리엄 워즈워스는 우리 인생을 통틀어 행동과 결정은 그 순간 이루어지기 때문에 덧없는 반면, 행동의 결과는 "항구적"이라고 말한다.[7] 추방된 오이디푸스는 이런 위안을 덧붙일 뿐이다. "내가 겪은 고난은 인내하는 법을 가르쳐주었다."[8]

그런데 우리는 정확히 어떻게 인내하는가? 신들 앞에서의 우리 자리를 앎으로써 가능하다. 전반적인 사물의 질서에 복종하는 것이다. 숙고하면서 산 모든 삶에는 실패에 대한 인정이 포함되어 있으며, 이런 인정을 통해 우리 자신뿐만 아니라 우리가 사는 세계와 문명에 관한 통찰도 깊어진다. 바로 이것이 오이디푸스의 업적이다. 영웅은 지고한 정의와 화해하면서 결국 정화된다.[9] 소포클레스의 마지막 작품인 『콜로노스의 오이디푸스』가 참으로 숭고한 것도 이 때문이다.

다른 맥락에서 해럴드 블룸은 위로와 "슬픔의 공유"를 통

카플란의 현명한 정치가

해서만 "비극의 미적 경험"이 드러난다고 말한다.[10] 슬픔은 사물의 표면에 관한 것이기 때문에 그것만으로는 충분하지 않다. 타락하는 사람들은 항상 슬픈 삶을 살지만, 그런 삶에는 비극이 필요로 하는 고양이 존재하지 않는다. 슬픈 타락은, 겉모습을 현실로 착각하는 부주의한 사람들에 관한 포드 매덕스 포드의 위대한 소설 『훌륭한 군인』(1915)의 주제이기도 하다.

비극은 연극과 의례의 본질로, 삶과 자연의 더없이 잔인한 측면을 우리에게 보여주며, 니체에 따르면, "활력을 회복하고 정신적 힘을 강화한" 우리를 세계로 돌려보낸다.[11]

도스토옙스키의 『죄와 벌』의 결말을 생각해보라. "눈물이 두 사람의 눈앞을 가렸다. 두 사람 모두 창백하고 여위었지만, 그 창백하고 병든 얼굴에서 이미 새로운 미래의 여명이, 새로운 삶을 향한 완전한 부활의 서광이 빛나고 있었다…… 그들은 참고 기다리기로 마음먹었다. 그들에게는 아직도 7년이 남아 있었고, 그때까지 견디기 힘든 고통이 숱하겠지만, 그만큼 행복도 무한할 터였다!"[12] 사랑을 통해 부활한 덕분에 라스콜니코프와 소냐는 7년의 중노동형을 감당할 수 있는 용기를 얻는다. 그리하여 기독교 정신은 그리스 신들의 정신과 연결된다. 둘 다 똑같은 이야기이기 때문이다. 우리에게 겸손을 가르쳐주는 차원 높은 질서에 복종하는 것에 관한 이 야기를 들으며 우리는 살아 있음에 감사하고 자연이 초래한 결과를 받아들인다.

분명 도저히 구원받을 수 없는 죄가 존재하며, 그리스인들과 셰익스피어, 도스토옙스키도 이런 죄에 대해서는 답을 내놓지 못한다. 우리는 20세기에 그런 죄를 진저리가 날 정도로 보았다. 히틀러와 스탈린, 마오쩌둥과 폴포트가 저지른 범죄들을 보라. 이런 범죄는 21세기에도 전혀 줄어들지 않고 있다. 중국이 튀르크계인 위구르 무슬림을 짓밟는 모습을 보라. 이런 흉악한 범죄는 비극의 재료도 아니고 이 글에서 다루는 소재도 아니다. 그렇다고 해도 비극이 불안한 선견지명을 키우는 데 도움이 될 수 있는 것은 신들 앞에서 겸손할 것을 북돋우기 때문이다. 앞으로 닥칠 고난을 경고하는 이런 선견지명은 더 나은 세계를 만들기 위한 조건이다. 비극적으로 사고한다는 것은 삶이 계속되어야 하는 가운데서도 모든 것을 바로잡을 수는 없음을 아는 것이다.

내가 언론인으로 일하는 동안 직접 목격하거나 관여한 정치적·인도적 위기는 모두 불안에 근거한 선견지명의 도움

카플란의 현명한 정치가

을 받을 수 있었다. 이런 선견지명은 비극적 감성을 필요로 하는데, 역사 없는 민족인 미국인들은 이런 감성이 부족하다. 두 대양으로부터 보호받고 풍부한 자원을 가진 대륙이라는 축복을 받은 미국은 지리적으로 워낙 운이 좋아서 이라크나 아프가니스탄 같은 대외 정책상의 재앙을 겪고도 사실상 아무 타격도 입지 않았다. 워싱턴의 엘리트 집단은 이런 재앙의 대가를 거의 치르지 않으며, 그렇기 때문에 이런 재앙을 가볍게 무시하고는 전과 다름없이 행동한다. 따라서 학습 곡선이 가파르게 올라가는 법이 없다. 이라크가 재앙이라는 것이 분명하고 아프가니스탄이 도저히 빠져나올 수 없는 진창이라는 게 명백했던 2011년에도 정책 엘리트 집단의 다수파는 리비아 정권을 무력으로 무너뜨리는 것을 지지했다— 또 다른 재앙으로 이어진 판단이었다. 이런 행동 패턴은 일정한 타락을 낳는다. 권력에 가까운 사람들 가운데 상당수는 실수를 저질러도 자신의 평판이나 감정, 심리에 미치는 대가를 거의 치르지 않기 때문이다. 이것은 비극적 감성이 성숙해지는 것을 방해한다. 제국을 관리하는 과정은 유혈적이고 엉성하며, 2차대전이 끝난 이래—그리고 특히 9·11 이후— 제국은 세계에서 미국이 차지하는 위상을 규정하고 있다. 가령 1978~1979년 이란혁명을 접하고 미국은 깜짝 놀랐는데,

샤에 대한 증오와 그의 건강 악화가 중첩된 상황을 감안한다면 결코 놀랄 일이 아니었다. 1983년 베이루트 외곽에 자리한 미 해병대 병영이 폭탄 공격을 당한 사건은 테러 집단들의 소굴 한가운데서 목표가 불분명한 임무를 수행하면서 자초한 재앙의 정점이었다. 미국이 아프가니스탄에서 소련에 대항하는 집단 가운데 가장 급진적인 무자헤딘을 무장시킨 것은 자연스럽게 9·11로 이어지는 길을 열어주었다. 이 모든 사건을 고려할 때 우리가 국토를 점령하거나 개입하는 나라의 세력들이 우리 계획을 얼마나 저해할 수 있는지 더욱 현명하게 판단했어야 했다. 거듭 말하지만, 아프가니스탄과 이라크의 경우는 미국의 민주주의 이상이 현지의 역사와 문화라는 요인에 패배했다는 점에서 쓰라린 실패였다. 중동은 미국의 지극히 특수한 역사적 경험을 확장해서 문제를 해결할 수 있는 지역이 아니었다. 고대 그리스인들은 알았던 교훈을 우리는 전혀 배우지 못했다. 모든 것을 바로잡을 수는 없기 때문에 세계의 많은 현실을 있는 그대로 받아들여야 한다는 교훈을.

12장

오직 노인과 눈먼 자만이
진실을 얻는다

늙고 눈먼 예언자로 어느 누구보다도 신들의 뜻을 잘 아
는 선지자 테이레시아스는 그리스신화에 계속 등장하는 인
물이다. 아직 테바이의 왕인 분노한 오이디푸스가 자신의 정
체에 관한 소름 끼치는 진실을 직시하기 시작할 때, 그는 "내
힘은 진실의 힘"이며 진실 속에 안전이 있다고 말해준다.[1] 테
이레시아스의 장기는 상대방이 가장 듣고 싶어하지 않는 이
야기—상대가 억누르는 생각—를 해주는 것이다. 그는 신은
아니지만 거의 신과 같은 일을 한다. 신들을 속일 수 없듯, 테
이레시아스도 속일 수 없다. 그는 인간이 가진 양심을 대신
하는 인물이다. 오이디푸스와 마찬가지로, 말년에 늙고 눈이

먼 테이레시아스는 눈이 멀었기 때문에 통찰력이라는 재능을 갖게 된다. 물리적 시력 대신 다른 시력이, 피상적이며 종종 기만적인 시각 대신 진실을 꿰뚫는 분석적 시각이 생긴 것이다. 테이레시아스와 오이디푸스는 눈이 먼 까닭에 세계를 더 정확하게 볼 수 있다. 그것은 고통스러운 능력이다. 인정하고 싶지 않은 사실을 인정해야 하기 때문이다.

테이레시아스와 죽어가는 오이디푸스 둘 다 이 세상의 모든 필멸의 존재는 쇠하기 때문에 설령 자신이 아직 젊더라도 이미 약하고 늙은 것처럼 생각하고 행동하는 게 현명하다는 것을 안다. 따라서 두 사람은 행운의 적이자 자기망상의 중심인 허영과 자만에서 자유로워진다. 이 세계에는 두려워해야 할 게 많다. 특히 나이가 들어가면서 점점 아프고 쉽게 병들기 때문에 운은 점진적으로가 아니라 갑자기 바뀔 수 있다. 테이레시아스의 예언 때문에 궁지에 몰린 오이디푸스는 "불과 하루 만에" 부와 권력의 정점에서 비참한 나락으로 떨어진다.[2]

나이가 들면 이미 상심과 실망을 여러 차례 겪었기 때문에 젊은이보다 노인이 지혜로운 경우가 많다. 지혜란 자기 자신과 세상을 아는 것이기 때문이다. 고대 그리스인들과 비슷한 정신의 소유자인 또 다른 러시아인 알렉산드르 솔제니친의 말을 떠올려보라. "조상을 숭배하는 부족은 수백 년을 견딘다. 젊은이를 숭배하는 부족은 오래 살아남지 못한다."[3] 21세기의 중국이 포스트모던한 서구보다 우위에 있는 것도 이 때문이다. 중국은 여전히 동양 유교 문화의 유산을 누리고 있으며 위계와 노인을 존중한다. 젊음에 나르시시즘적으로 집착하는 서구는 이제 더는 서구 문명을 탄생시킨 고대 그리스인들의 정신적 후예가 아니다.

평론가들이 방랑을 거듭하던 오이디푸스가 노년에 아테네 외곽에 도착하는 이야기를 다룬 『콜로노스의 오이디푸스』를 그토록 높이 평가하는 것도 이런 이유에서다. 모리스 바우라는 이렇게 말한다. "역경을 견뎌내는 인내심 덕분에 오이디푸스는 명예를, 그리고 궁극적으로는 영웅으로 추앙받을 자격을 얻는다."[4] 방랑하며 갖은 고생을 한 것은 말할 것도 없고 가족과 왕국에 닥친 온갖 난관에도 불구하고 불굴의 용기를 보여준 그는 신들에게 존중받는다. 한때 자부심과 확신으로 똘똘 뭉친 인간이었던 오이디푸스는 인간 실존에 관한 앎에서 완성의 경지에 다다르고 현명해진다. 다만 물질적인 세상에서 그 보상을 받지 못할 뿐이다. 그를 제외한 다른 사람들은 그렇게 깊이 있는 선견지명을 갖지 못한 곳이므로.

공개적으로 수치를 겪는 등 거대한 파국을 겪은 사람만큼 현명한 이는 없다. 따라서 비참한 실패를 맛본 적이 있는 정책 결정권자들은 정말 흥미로운 존재일 가능성이 크다. 오로지 성공만 아는 이들보다 자기 삶에 관해 더 깊이 성찰하기 때문이다. 내가 워터게이트 사건 이후의 닉슨을 알았으면 좋았을 거라는 생각을 한다. 두려움에 기반해 대외 정책에 관한 예리한 본능을 다듬고, 다섯 단계 앞을 생각하면서도 자신의 실수와 결함 있는 성격, 급격하게 축소된 재정적 입지에 대한 부끄러움으로 무장되어 있었을 테니. 은퇴한 닉슨은 여러 권의 진지한 책을 쓰고, 카터 대통령과 클린턴 대통령에게 각각 중국과 러시아에 관한 정책을 조언했으며, 대체로 진지한 어조로 세간의 관심을 모았다. 이것은 파국을 겪은 한 인간이 일종의 속죄와 명예 회복을 거치는 과정이었다.

우리는 실수를 통해 성숙한다. 실수를 해보면 다음에 어떤 일이 생길지 두려워하게 된다. 참된 지혜는 시샘을 받지 않는 법이다.

소포클레스는 『오이디푸스 왕』 말미에서 이렇게 말한다.

사람이 무덤에 들어가 눕기 전까지
감히 그가 "행복하다"고 말하지 말라―그가 아무 재앙도
겪지 않고 삶의 목적지에 다다를 때까지 지켜보며 기다릴

지어다.[5]

『아이아스』에서는 이렇게 말한다.

……절대로

신들에게

주제넘은 말을 내뱉지 말고,

남보다 손힘이 세거나

쌓아놓은 재물이 많다고

우쭐대지 마라. 모름지기 인간사란

하루아침에 넘어질 수도 있고, 다시 일어설 수도 있나니.

신들은 현명하게 자제하는 이들을 사랑한다……[6]

요컨대 사람이 죽기 전까지는 감히 그가 운이 좋다고 말하지 말라. 이는 솔론이 리디아의 부유한 왕 크로이소스에게 한 유명한 조언이다. 크로이소스는 훗날 이 예언의 쓰라린 진실을 알게 된다.[7] 코앞에 어떤 일이 닥칠지에 대해 끊임없이 갖는 두려움이 겸손의 초석이다. 이런 두려움을 갖는다면 파국을 맞이할 위험이 줄어든다. 두려움은 선과 악 가운데 하나를 선택하는 일이 드물다는 것을 안다. 그런 선택은 너무도 쉽기 때문이다. 중대한 결정은 본질적으로 아슬아슬한 면모를 가지며, 대개 두 가지 선—또는 두 가지 악—가운데 하나를 선택하는 일이다. 안전은 두려움 속에 있다. 언젠가 라이어널 트릴링은 로버트 프로스트가 사랑받는 이유를 이렇게 말했다. 소포클레스처럼 그 역시 "끔찍한 일들을 솔직히 말할 줄 알아서" 사람들에게 위안을 준다고.[8]

카플란의 현명한 정치가

13장

서로 다른 선끼리
싸우기 때문에
우리에게 양심이 주어진다

문학평론가 고 토니 태너는 오레스테스를 비롯한 그리스 영웅들은 행동에 나서기 전에 "잠시 멈추는" 반면 셰익스피어의 『햄릿』에서는 이런 멈춤이 작품 전체를 뒤덮고 있다고 지적했다. 물론 고대 그리스인들이 오직 본능에 따라 움직이는 짐승 같지는 않았지만, 그래도 그리스인들과 엘리자베스 시대 사람들 사이에는 까마득한 거리가 있었다. 그 사이에 기독교가 탄생하고 뒤이어 종교개혁이 벌어졌는데, 이 둘이 결합해서 양심, 특히 양심의 가책이라는 완전히 새로운 풍경이 만들어졌다.[1] 해럴드 블룸은 이 논지를 한 걸음 더 끌고 나가, 양심의 가책이라는 관념이 『햄릿』에서 정점에 달했을 뿐만 아니라―좀 더 전반적으로―양심 그 자체에 대한 문학적 묘사도 최고조에 달했다고 주장한다. 햄릿의 정신은 진실로 세계 전체를 아우른다. 햄릿이라는 인물은, 셰익스피어로부터 300년 뒤에 나와 양심을 세세하게 설명하면서 조이스와 엘리엇의 모더니즘으로 이어지는 가교를 제공하는 헨리 제임스의 소설에 등장하는 인물들의 선구 격이다.[2]

기독교가 지배하는 근대 서구에서 막대한 역할을 하는 죄의식과 양심은 비극의 영역에서 중심을 차지한다. 그리고 양심의 가책 같은 것이 존재하기 때문에 양심을 의도적으로 억누를 것을 요구하는 악 또한 존재한다. 선과 악이라는 개념은 그리스인들보다는 셰익스피어에게서(도스토옙스키, 콘래드 등에서도 마찬가지다) 한층 더 발전한다.

블룸을 비롯한 셰익스피어 연구자들의 글을 읽다보면 거의 셰익스피어가―성서의 저자들이 아니라―악을 발명한 듯 보인다. 가령 이아고는 성서의 어떤 존재보다도 자세하게 묘사된 사탄이다. 이아고는 사실상 사탄 그 자체다. 하느님이 사탄을 외면하듯 귀족 오셀로 역시 베네치아의 군인 이아고를 피한다. 하느님이 사탄에게 그러하듯 오셀로도 이아고에게는 우주와 창조 그 자체다. 문학 전체를 통틀어 보아도, 탁월한 분석력을 도덕적 결과에 대한 완전한 무관심과 결합시키는 이아고만큼 순전하게 악한 인물은 거의 없다. 선량한 데스데모나와 그녀만큼이나 진실된 남편 오셀로를 해하려는 음모를 꾸미면서 이아고는 자신의 의도를 밝힌다.

악마들이 시커먼 죄악을 부추길 때
……난 무어인 귓속으로 독을 부어넣을 테다.
그녀의 육욕이 다시 그를 부른다고.
그래서 그녀는 그에게 잘해주려 하는 만큼
무어인의 신뢰를 잃겠지.
난 그녀의 미덕에 먹칠을 하고,
그녀 자신의 선량함으로 그들 모두를 얽어맬
그물을 만들 테다.[3]

이 작품에서 가장 창의적인 정신의 소유자인 이아고는 오로지 책략을 꾸미기 위해 존재한다. 그는 용감하고 과감하며 부끄러움을 모른다. 거짓 정보, 사실 왜곡, 현대적 테러리즘은 모두 문학적으로든 미학적으로든 이아고에게서 발원한다.[4] 러시아 대통령 블라디미르 푸틴은 끝 모르는 냉소주의와 기만성이라는 면에서 이아고와 맞먹는다. 1999년 모스크바를 비롯한 러시아 여러 도시에서 벌어진 아파트 폭탄 테러는 공식적으로 체첸 테러리스트들의 소행으로 발표됐지만, 실은 푸틴이 손쉽게 권좌에 오르게 하려고 러시아 정보부가 공포 분위기를 조성하느라 벌인 자작극이라는 의심이 존재한다. 만약 그렇다면 이 사건은 참으로 이아고의 정신을 이어받은 행동이라 할 것이다. 예상할 수 있는 것이지만, 이아고는 냉소적이기 짝이 없다. 그의 말을 들어보자.

> 명성보다는 거기(몸에 난 상처)가 더 아플 거라고 생각됩니다. 명성이란 어리석고 아주 헛된 짐이며, 종종 공로도 없이 얻었다가 이유도 없이 잃어버리는 거니까요. 스스로 잃은 사람임을 자처하지 않는다면 당신은 명성을 잃은 게 전혀 아니올시다.[5]

좋은 쪽으로든 나쁜 쪽으로든 명성을 누릴 자격이 없는 경우는 흔하다. 하지만 이아고는 이를 너무 극단적으로 몰고 간다. 그의 냉소주의는 모든 것을 집어삼킨다.

문학 역사상 가장 극명한 사례일 법한 이아고로 대표되는 악에 반대한다고 선언하는 건 도덕적으로 손쉬운 선택이며, 따라서 비극의 중심적인 관심사가 아니다. 비극은 똑같이 엄중한 또 다른 문제를 고려해야 할 때 악에 맞설지 말지를 결정하는 일과 관련된다. 악과 싸우는 것은 선이지만, 그 싸움을 위해 자신의 정치적·군사적 역량을 무리하게 확대하지 않는 것도 선이다. 그렇다면 어느 정도의 악은 견딜 수 있어야 한다. 작가나 지식인 같은 개인들은 자유롭게 악에 반대한다고 선언할 수 있다. 하지만 정치인들은 너무 많은 약속을 하지 않도록 조심해야 한다. 블라디미르 푸틴이 아무리 냉소적인 범죄자라고 해도 무지막지한 범죄를 저지른 스탈린 정도는 아니다. 더군다나 스탈린과 동맹을 맺으면서 무기대여법을 통해 113억 달러의 물자를 소련에 공급한 것은 다름 아닌 프랭클린 루스벨트였다. 그리고 이 2차대전 동맹은 히틀러를 무찌르는 선을 이루어냈다. 이것은 선에 맞선 선의 싸움이 갖는 또 다른 측면이다. 헨리 키신저는 젊은 시절에 이렇게 말했다. "모름지기 정치인이라면 정의롭다고 여겨지는 것과 가능하다고 여겨지는 것을 조화시키려고 노력해야 한다."[6] 정의로운 것에는 정치인이 속한 사회의 도덕적 가치가 포함되는 반면, 가능한 것에는 그 정치인이 대처해야 하는 다른 사회들의 가치와 국내 상황이 포함된다.

예를 들어보자.

이란-이라크전쟁을 시작했을 뿐만 아니라 수십만 명을 죽인 사담 후세인은 셰익스피어의 이아고보다 훨씬 많은 악행을 저질렀다. 하지만 아들 부시 행정부가 후세인 정권을 무너뜨려 그의 악행을 종식시키자 훨씬 더 많은 민간인의 고통이 생겨났다. 더 나아가 이라크 사회의 본질과 상황 때문에 또 다른 끔찍한 결과가 이어졌다. 아들 부시가 둘 중 하나라는 제한되고 숙명적인 선택을 해야 했다는 데 비극의 극단적이고 과장된 본질이 있다.

그리고 조 바이든 대통령과 그의 후임자들은 푸틴이나 중국의 시진핑같이 도덕적으로 용인할 수 없는 다른 지도자들에 대해 또 다른 숙명적인 양자택일을 해야 할 것이다. 문화 대혁명의 파괴 행위가 여전히 진행 중이었는데도 소련에 맞서 균형을 이루기 위해 닉슨과 키신저가 중국과 휴전을 맺고 소련과 데탕트를 달성한 사실을 기억하자. 이로써 유리한 힘의 균형을 통해 냉전이 열전으로 확대되는 것을 막는다는 냉전의 지고한 도덕적 목표를 달성했다. 이번에도 역시 선과 선의 싸움은 어느 정도의 악을 받아들인다는 것을 의미한다. 정의로움은 아무리 도덕적으로 만족스러운 것이라고 하더라도 현명한 국가 통치의 장애물이 될 수 있다.

분명 비극은 우리의 성격 안에 내재한다. 이 세계에 악한 사람이 존재하지 않는다면, 그들과 어떻게 맞서야 하는지를 놓고 어려운 선택을 할 필요가 없을 것이다. 하지만 선하고 자존심 강한 사람들은 자신이 명예라고 생각하는 것을 옹호하다 비극적 종말에 다다를 수 있다. 소포클레스의 『아이아스』에서 아이아스는, 아킬레우스가 죽은 후 동료 그리스인들이 위대한 병사이자 행동하는 인간인 자신에게 아킬레우스의 무구를 주지 않자―대신 그에 비해 무공은 적지만 약삭빠른 오디세우스에게 준다―모욕당했다고 느낀다. 그 후 그는 아무 이유도 없이 무아지경에 빠져 가축떼를 죽인다.* 이윽고 정신을 차린 아이아스는 수치심을 이기지 못하고 자기 칼로 목숨을 끊는다.

우리는 사람들이 자존심 때문에 어떻게 눈이 멀어 비극적 선택을 하는지 보아왔지만, 아이아스의 지나친 자존심과 명예심은 오직 자기 자신에게만 쏠려 있다. 자존심은 자기망상으로 이어질 수 있는 동시에 죄책감이나 굴욕감과 뒤얽힐 수도 있다. 따라서 자존심은 비극의 핵심이 된다.

비극의 무게는 리어 왕에게 가장 무거울 것이다. 아이아스보다 훨씬 더 심오하게 발전한 인물인 리어 왕은 고대 그리

---

* 아이아스는 복수심 때문에 아가멤논과 오디세우스 등 동료 그리스 장수들을 죽이려 했지만, 아테나 여신이 그의 정신을 혼미하게 만들어 가축과 목동을 도륙한 것이다.

스인들부터 셰익스피어에 이르기까지 비극이 얼마나 먼 거리를 지나왔는지 여실히 보여준다. 너무 늦게 딸의 충성심을 깨달은 리어 왕은 죽은 코델리아를 부여잡고 소리친다.

통곡, 통곡, 통곡하라! 오, 돌덩이 같은 인간들아!
내게 너희의 눈과 혀가 있다면 하늘이 깨져라
울 것이다. 이 아이는 영영
가버렸구나.[7]

이것이 매우 끔찍하기는 하나—가족의 비극은 모든 비극 가운데 가장 비극적이다—비극에는 여전히 보다 심층적이고 최종적인 차원이 있다. 바로 시간이다.

카플란의 현명한 정치가

14장

시간은 감사할 줄 모른다

그리스에서 7년 동안 살면서 동방정교회 세계—비잔티움을 통해 고대 그리스의 많은 유산을 간직한 세계—곳곳을 돌아다닌 나는 '알레테이아^{aletheia}'가 얼마나 특별한 감동을 전달하는지 알고 있다. 내가 언제나 정교회의 부활절 미사와 관련짓는 이 단어는 '진리'를 의미한다. "그리스도가 부활하셨네, 진리 속에 부활하셨네(Christ has risen, *aletheia* (in truth) he has risen)." 하지만 이 단어에는 보다 심오한 고대적 의미도 담겨 있다. 알레테이아는 말 그대로 잊지 않는 것 또는 잊히지 않는 것을 의미한다. 그리고 잊히지 않는 것, 망각으로 떨어지지 않는 것은 영웅적 전사들의 위대한 공적이다.[1] 이런 노력이 필요한 것은 보전할 만한 수많은 행동이 실제로 잊히기 때문이다. 시간은 용맹하고 고귀한 많은 일에 감사할 줄 모른다.

시간chronos은 비극적 영웅들을 가장 위험한 방식으로 드러낸다. 우리 가운데 단지 세속적 타협으로 정의되는 성공을 거둔 이들은 자신들이 오래도록 기억될 것이라고 허세를 떨지 않는다.[2] 그에 반해 영웅은 명예를 위해 어리석은 짓에 응하지 않으며, 따라서 군중이 어떻게 생각하든 아랑곳하지 않고[3] 오직 불멸만 기대할 뿐인데, 이는 헛된 희망일 수 있다. 아이아스는 이렇게 선언한다.

이루 헤아릴 수 없이 긴 세월은
감춰진 모든 것을 드러내고
드러난 것은 도로 감추는 법.

합창단이 아이아스의 웅변에 맞장구친다.

시간은 참으로 위대하다. 모든 것을 없애버리니.[4]

모든 것은 소멸하고, 그토록 많은 것이 잊히기 때문에 우

카플란의 현명한 정치가

리는 겸손을 배워야 한다. 겸손과 더불어 구원이, 그리고 마찬가지로 중요한 중용이 찾아온다.

　시간은 망각 말고 아무것도 주지 않는다. 시간은 선한 행동을 유도하지도, 악한 행동에 마땅한 결과를 안겨주지도 않는다. 우리가 아무렇게 행동할 수 있는 건 모든 게 실제로 잊히기 때문이다.

　따라서 우리를 규율하는 건 두려움과 수치심뿐이다.

　다시 『아이아스』에서 소포클레스가 하는 말을 들어보자.

　두려움과 수치심을 두루 지녀야만
　자신을 안전하게 지킬 수 있지…… 두려움은
　모든 질서의 주춧돌이라네.[5]

　두려움과 수치심은 질서의 토대이자 궁극적으로는 문명의 토대이기 때문에 인간은 명백한 악인을 제외하면 회한으로 가득하다.

　오레스테스는 "모든 행동과…… 온 가문" 그리고 자신의 "운명"을 슬퍼한다. 특히 그는 어머니와 어머니의 정부를 살해한 것을 비통해하면서도 모든 시간에 대해 말한다. 합창단은 이렇게 대답한다. "세상의 그 누구도 슬픔에 상처 입지 않고 / 삶의 마지막까지 살 수는 없는 법."[6]

알다시피 무척이나 암울한 이야기다.

삶은 암울하기 때문에, 우리 가운데 참된 믿음을 가진 이들 말고는 무덤 너머에 아무것도 없기 때문에, 이 세상에서 유일한 구원은 사랑을 통해서만 얻을 수 있다. 즉 다른 인간에 대한 거의 종교적인 헌신, 타인의 고통과 슬픔, 기쁨과 즐거움을 자기 일인 양 고스란히 느낄 수 있어야 한다. 다른 모든 게 지워질 때도 사랑은 존재한다. 향수nostalgia는 사랑의 작용이며 사랑에서 생겨나는 좋은 기억이다. 셰익스피어는 『안토니우스와 클레오파트라』에서 이 모든 것을 압축하여 보여준다. 안토니우스가 죽자 클레오파트라는 슬퍼한다.

……밤에 찾아온 달빛 아래
이제 아무것도 놀랄 일이 없군요.[7]

군대의 이동, 역사적 시대의 경과, 지정학의 추―모든 게 안토니우스의 죽음에 영향을 받지만, 그 어떤 것도 위대한 사랑을 뛰어넘지 못한다. 안토니우스가 세상을 떠나자 이집트 여왕에게는 세계와 역사 자체가 끝난다.

카플란의 현명한 정치가

그리고 사랑은 화해와 하나로 엮인다. 사랑이 없으면 화해란 있을 수 없다. 아이스킬로스의 『오레스테이아』와 소포클레스의 『아이아스』의 마지막을 장식하는 것도 화해이다. 오레스테스는 용서받고, 복수의 여신들은 복수를 포기하도록 설득당한다. 오디세우스는 적이 되어 싸웠던 아이아스를 제대로 묻어주기로 결심한다. 두려움과 수치심으로 지탱되는 세상의 질서 안에서 사랑과 화해가 피어난다.

카뮈는 이렇게 말한다.

프로메테우스적 인간은 어려운 소명을 회피하지 않고,
계속 땅을 살피며 지칠 줄 모르고 자라는 풀을 지켜본다.
신들이 천둥과 번개를 내던지는 가운데서도 사슬에 묶인
영웅은 인간에 대한 믿음을 묵묵히 지킨다.[8]

인간은 선택지가 극히 제한된 가운데서도 선한 일을 해야 하는 필요성과 생존을 위한 투쟁을 조정해나갈 것이다. 모든 행동을 생존의 필요성으로 환원하는 것은 타락을 낳지만, 생존을 아예 무시하고 오직 더 큰 선에만 관심을 갖는 것은 생존을 당연시하는 것이다. 우리 대부분 또는 대다수 나라들은 그런 사치를 누리지 못한다.

그리하여 삶의 노고는 계속된다……

내 생각에, 궁극적인 결과를 가장 잘 보여주는 것은 에스
파냐의 작지만 위대한 문명이 낳은 두 명의 천재 화가 벨라
스케스와 고야의 그림이다.

여기에, 날것의, 흙으로 빚은 듯한 삶의 치열함을 찬미하면
서도 잔인한 객관성을 완화시키는 거리감의 예술이 있다. 이
숭고한 예술은 신화를 일상의 언어로 번역한다. 이 예술은
고전주의에서 해방되면서 완벽주의에서도 해방된다. 이 예
술은 실존의 온갖 시련과 한계를 받아들인다. 이러한 작품에
는 분석과 진리—탐욕스러운 진리—의 위엄 있는 엄숙함이
불안정한 세계를 배경으로 담겨 있다.[9]

모든 현실주의의 밑바탕이 되는 비극은 이론이라기보다는
감성이다.

역사는 신중할 것을 권고한다. 지도력과 의사결정이 모두 개인의 성격과 관련된다는 뜻이다. 우리는 천사가 아니기 때문에 야심 또한 유용하다. 조지 H. W. 부시는 지독한 야심가로, 끊임없이 임명직과 선출직을 추구했으며, 1988년에는 마이클 듀카키스를 상대로 지저분한 대통령선거 운동을 벌였다. 하지만 대통령으로 당선된 후에는 현명하면서도 중요한 대외 정책상의 결정을 잇따라 내렸다. 그리고 모든 정책마다 비극적 한계에 대한 존중을 강조했다. 아버지 부시는 톈안먼 학살 사태 이후 일시적으로 중국과 냉각기를 가졌지만, 당시 언론인과 지식인들이 요구하던 베이징과의 외교관계 단절은 수용하지 않았다. 부시 행정부는 동유럽 공산주의 정권의 붕괴에 대해서는 의도적으로 침묵했다. 소련의 군사적 대응을 유발하지 않기 위한 조치였지만, 이번에도 언론인과 지식인들은 미적지근한 정부에 불만을 품었다. 부시는 이라크군을 쿠웨이트에서 쫓아냈지만 바그다드까지 밀고 들어가지는 않았다. 2차대전의 진정한 영웅이었던 그는 성격이 중요한 때와 장소에서 진가를 발휘했다. 아버지 부시는 군사력을 사용하면서도 이에 관해 신중하고 비극적으로 사고한 마지막 미국 대통령이었다. 그는 백악관에 들어간 최후의 귀족이자 아이젠하워의 마지막 정신적 후예였다.

이상한 이야기이지만, 내가 부시의 현명한 감성을 생생하게 느낀 것은 그가 대중적으로 난처한 상황에 빠진 순간이었다. 소련이 붕괴한 직후 우크라이나를 방문한 부시는 1991년 8월 1일 키이우(키예프)에서 연설을 하면서 "자멸적 민족주의"에 대해 경고했다. 연설뿐만 아니라 이 문구 역시 우크라이나의 독립 투쟁을 약화시키는 효과를 발휘했다. 이에 격분한 『뉴욕타임스』 칼럼니스트 윌리엄 새파이어는 닭가슴살 속에 양념을 넣고 튀긴 요리 이름을 따서 부시의 연설에 "치킨 키예프Chicken Kiev 연설"이라는 딱지를 붙였다. 어조가 약해 빠졌다는 것이었다.* 새파이어는 부시의 연설이 소련과 우

카플란의 현명한 정치가

크라이나 상황에 대한 "엄청난 오판"의 결과라고 생각했다.[1] 하지만 과연 그랬을까? 소련의 약화와 붕괴는 캅카스와 중앙아시아 여러 지역에서 종족적·민족주의적 내전으로 이어졌다. 우크라이나의 경우 다름 아닌 지리와 역사, 언어 때문에 언제나 워싱턴보다 모스크바에 중요한 문제가 될 것이며, 따라서 우크라이나의 독립은 여전히 강대국들 사이의 화약고로 남아 있었다. 구소련의 민족주의는 소련 최후의 서기장인 미하일 고르바초프보다 훨씬 다루기 힘든 서구의 적 블라디미르 푸틴을 만들어내는 데 일조했다. 부시의 연설은 분명 그 순간의 분위기에는 맞지 않았지만, 그의 타고난 신중함과 냉전 이후 자멸적 민족주의 시대에 대한 경고는 훗날 푸틴이 자행한 행동을 볼 때 한층 커다란 지혜를 보여주었다. 한편 새파이어는 계속해서 이라크전쟁의 주요한 옹호자로 남았다.

아버지 부시가 최고사령관이었던 1991년 걸프전쟁 이후, 미국은 계획부터 잘못된 모험적인 군사행동을 잇달아 벌였다. 발칸반도만 예외였을 뿐이다. 발칸반도 개입은 냉전 종식 이후의 일이지만 9·11 이전, 그리고 중국이 급속도로 거대한 규모의 해군력을 구축하는 데 착수하기—따라서 우리의 이

---

* '치킨'에는 '겁쟁이'라는 뜻이 있다.

목을 태평양으로 집중시키기—이전에 이루어졌다. 미국이 발칸반도에 군대를 보낸 것은 주로 인도적 목적 때문이었고, 그럴 만한 여력도 있었기 때문이다. 당시만 해도 뚜렷한 전략적 경쟁자가 눈에 들어오지 않았던 것도 이유 중 하나다. 따라서 발칸반도는 우리가 조만간 직면할 전쟁과 평화에 관한 어려운 선택을 헤아리는 데 특별히 좋은 길잡이는 아니다.

아프가니스탄과 이라크는 좀 더 중요하다. 다른 사태가 벌어져서 강박과 이정표 역할을 대신할 때까지 우리는 두 실패의 그림자 속에서 살아야 한다. 그리고 다른 사태가 벌어진다고 해도 아프가니스탄과 이라크의 교훈은 전혀 도움이 되지 않을 것이다. 흔히 마크 트웨인이 한 것으로 와전되어 있는 말처럼, 역사는 반복되지 않으며 대개 라임도 맞지 않는다. 게다가 교훈을 지나치게 달달 외는 일도 흔하다. 나치 독일이 권력을 잡기 시작하던 바로 그 순간 1차대전의 어마어마한 인간 살육에 대한 죄의식은 영국에서 패배와 유화의 분위기로 이어졌다. 어느 영국인도 1차대전을 되풀이하기를 원치 않았다. 이제 어느 누구도 아프가니스탄과 이라크를 반복하기를 원하지 않고, 20세기 말까지 어느 누구도 베트남을 되풀이하기를 원치 않았던 것처럼. 하지만 모든 악당이 히틀러는 아니며, 모든 해가 1939년인 것도 아니다. 결단이란 그 본성상 어려운 것이며, 우리는 의지할 만한 분명한 역사적 유사성이 없는 위기일발의 사태에 맞닥뜨릴 것이다.

특히 강대국 간 경쟁이라는 새로운 시대에 이런 상황을 맞이할 것이다. 글로벌 금융 시장, 바다와 대륙을 가로지르는 광대한 탄화수소 자원의 이송, 무시무시한 정밀 유도 무기와 사이버전 역량 증강이 서로 뒤얽히기 때문이다. 과거 어느 때보다도 비극적 사고가 절실하게 필요하다. 또한 두려움에 얼어붙지 않은 채 두려움을 관리할 필요가 있다. 소셜미디어에서 활개치고 있지만, 정념이 분석을 왜곡하게 내버려두어선 안 된다.

이렇게 노력하는 과정에서 전쟁과 죽음을 직접 겪어보지 않은 이들에게는 결국 그 어떤 사회과학 방법론보다도 고전 문학이 더욱 탄탄하고 유용한 길잡이가 될 것이다.

서문

1 Albert Hourani, *A History of the Arab Peoples* (Cambridge, Mass.: Harvard University Press, 1991 and 2002)((한국어판) 앨버트 후라니 지음, 김정명·홍미정 옮김, 『아랍인의 역사』, 심산, 2010), p. 144.

1장 선과 선의 싸움

1 Harold Bloom, *Shakespeare: The Invention of the Human* (New York: Riverhead Books, 1998), pp. 388~389, p. 404.

2 John D. Rosenberg, Introduction to Thomas Carlyle, *The French Revolution: A History* (New York: The Modern Library, (1837) 2002), p. xviii.

3 Herodotus, *The History*, 9:16, translated by David Grene (Chicago: University of Chicago Press, 1987)(한국어판 다수).

4 Aubrey de Selincourt, *The World of Herodotus* (Boston: Little, Brown, 1962), p. 57.

5 Arthur Schopenhauer, *Essays and Aphorisms*, translated by R. J. Hollingdale (New York: Penguin Books, [1851] 1970 and 2004), p. 164.

6 Maurice Bowra, *Sophoclean Tragedy* (Oxford, UK: The Clarendon Press, [1944] 1965), pp. 175~176.

7 Friedrich Nietzsche, *The Birth of Tragedy*, translated by Douglas Smith (New York: Oxford University Press, [1872] 2000)(한국어판 다수), p. 44.

8 F. L. Lucas, *Greek Tragedy and Comedy* (New York: The Viking Press, [1954] 1968), pp. 6~7. Georg Wilhelm Friedrich Hegel, *On Tragedy*, edited by Anne and Henry Paolucci and translated by F. P. B. Osmaston (New York: Harper TorchBooks, [1835] 1962), pp. 99~100.

9 Hegel, *On Tragedy*, translated by T. M. Knox ([1820] 1942), p. 237.

10 Schopenhauer, *Essays and Aphorisms*, p. 41.

11 Edith Hamilton, *The Greek Way* (New York: Norton, [1930] 1993)([한국어판] 이디스 해밀턴 지음, 이지은 옮김, 『고대 그리스인의 생각과 힘』, 까치, 2020), pp. 138~141. Lucas, *Greek Tragedy and Comedy*, p. 30.

12 Lucas, *Greek Tragedy and Comedy*, p. 4.

13 Albert Camus, *The Myth of Sisyphus and Other Essays*, translated from the French by Justin O'Brien (New York: Vintage, [1955] 1991), p. 93.

14 Hans Morgenthau, *Politics Among Nations: The Struggle for Power and Peace*, revised by Kenneth W. Thompson and W. David Clinton (New York: McGraw Hill, [1948] 2006)([한국어판] 한스 모겐소 지음, 이호재·엄태암 옮김, 『국가 간의 정치』 1·2, 김영사, 2014), p. 3.

15 Hamilton, *The Greek Way*, p. 147.

16 *The Federalist* "McLean edition," 1788, ([한국어판] 알렉산더 해밀턴·제임스 매디슨·존 제이 지음, 박찬표 옮김, 『페더럴리스트』, 후마니타스, 2019).

17 Lucas, *Greek Tragedy and Comedy*, pp. 4~5. Nietzsche, *The Birth of Tragedy*, p. 51.

18 Robert D. Kaplan, *Warrior Politics: Why Leadership Demands a Pagan Ethos* (New York: Random House, 2002)(〔한국어판〕로버트 D. 카플란, 『21세기 국제정치와 투키디데스』, 이재규 옮김, 김앤김북스, 2019), p. 18.

19 Charles Segal, *Tragedy and Civilization: An Interpretation of Sophocles* (Norman: University of Oklahoma Press, 〔1981〕1999), p. 42.

20 Rosenberg, Introduction to Carlyle, *The French Revolution*, p. xix.

21 Paul A. Cantor, "Tragedy vs. Tyranny," *Wall Street Journal*, February 11-12, 2017, p. C7.

22 Miguel de Unamuno, *Tragic Sense of Life*, translated by J. E. Crawford Flitch (New York: SophiaOmni, 〔1912〕2014)(〔한국어판〕미겔 데 우나무노, 『생의 비극적 의미』, 장선영 옮김, 누멘, 2018), p. 89. Gustave Flaubert, *Correspondance, troisième série (1854-1869)* (Paris, 1910).

23 Leslie Mitchell, *Maurice Bowra: A Life* (New York: Oxford University Press, 2009), p. 33, pp. 37~38, p. 209.

24 Bowra, *Sophoclean Tragedy*, pp. 358~360, p. 367.

25 A. C. Bradley, "Hegel's Theory of Tragedy," 1950, in Hegel, *On Tragedy*, edited by Paolucci, p. 369.

2장 디오니소스의 시대

1 Tony Tanner, Introduction to William Shakespeare, *Tragedies, Volume 2* (New York: Everyman's Library, 1993), pp. cx~cxi.

2 Segal, *Tragedy and Civilization*, p. 43, p. 206.

3 Nietzsche, *The Birth of Tragedy*, p. 51. Richard Rutherford, Introduction to *Euripides: The Bacchae and Other Plays*, translated by John Davie (New York: Penguin Books, 2005), p. viii, p. x.

4 William Shakespeare, *The Tragedy of Hamlet, Prince of Denmark*, Act 5, scene 2, lines 403, 422~427.

5 Tanner, Introduction to Shakespeare, *Tragedies, Volume 2*, p. xv.

6 Segal, *Tragedy and Civilization*, p. 2, p. 42.

7 Nietzsche, *The Birth of Tragedy*, p. 19, pp. 22~23.

8 N. T. Croally, *Euripidean Polemic: The Trojan Women and the Function of Tragedy* (New York: Cambridge University Press, 1994), p. 69, pp. 257~258.

9 Rutherford, Introduction to Davie's translations of *Euripides*, pp. xxvii~xxviii, p. xxxii.

10 Lucas, *Greek Tragedy and Comedy*, p. 298.

11 Euripides, *The Trojan Women*, translated by F. L. Lucas, lines 1136~1138 in F. L. Lucas, *Greek Drama for Everyman* (J. M. Dent, 1954); *Greek Tragedy and Comedy* (Viking/Compass, 1973)로 다시 나옴.

12 Rutherford, *Euripides*, p. 122.

13 Lucas, *Greek Tragedy and Comedy*, p. 235.

14 Robert Graves, *The Greek Myths: Volume One* (New York: Penguin Books, [1955] 1981), pp. 104~105. Edith Hamilton, *Mythology: Timeless Tales of Gods and Heroes* (Boston: Little, Brown, [1942] 2011)(한국어판 다수), p. 65, pp. 67~68. Rutherford, Introduction to Davie's translations of *Euripides*, p. xxxix.

15 Euripides, *The Bacchae*, translated by F. L. Lucas, lines 17~20, 40~41, in F. L. Lucas, *Greek Drama for Everyman* (J. M. Dent, 1954); *Greek Tragedy and Comedy* (Viking/Compass, 1973)로 다시 나옴.

16 Euripides, *The Bacchae*, lines 281~285.

17 Euripides, *The Bacchae*, lines 1122~1127.

18 Euripides, *The Bacchae*, lines 1249~1250.

19 Euripides, *The Bacchae*, lines 300~314.

20 Euripides, *The Bacchae*, line 1390.

21 Amitav Ghosh, *The Great Derangement: Climate Change and the Unthinkable* (Chicago: University of Chicago Press, 2016)([한국어판] 아미타브 고시, 『대혼란의 시대』, 김홍옥 옮김, 에코리브르, 2021), pp. 21~22, pp. 35~36.

22 Henry James, *The Princess Casamassima* (New York: Penguin Books, [1886] 1987), p. 330, p. 583.

23 Fyodor Dostoevsky, *Demons* (formerly translated as *The Possessed*), new translation by Richard Pevear and Larissa Volokhonsky (New York: Vintage, (1872) 1994), p. 251.

24 George Steiner, *Tolstoy or Dostoevsky: An Essay in the Old Criticism* (New Haven, Conn.: Yale University Press, 1959 and 1996), p. 40, pp. 188~189, p. 209.

3장 질서: 궁극적 필연

1 Richard Seaford, Introduction to Aeschylus, *The Oresteia: Agamemnon, Choephoroe, Eumenides* (New York: Everyman's Library, 2004), p. xiii.

2 Seaford, Introduction to Aeschylus, *The Oresteia*, p. xiii.

3 Segal, *Tragedy and Civilization*, p. 30.

4 Sigmund Freud, *Civilization and Its Discontents*, translated from the German by Joan Riviere (Garden City, N.Y.: Doubleday, 1930)(한국 어판 다수), pp. 61~62.

5 Albert Camus, *The Rebel: An Essay on Man in Revolt*, translated from the French by Anthony Bower (New York: Vintage International, (1951) 1991), p. 21.

6 Tanner, Introduction to Shakespeare, *Tragedies, Volume 2*, p. xlv.

7 Lucas, *Greek Tragedy and Comedy*, p. 17.

8 Rutherford, Introduction to Davie's translations of *Euripides*, p. xv.

9 Lucas, *Greek Tragedy and Comedy*, p. 109. Aeschylus, *The Oresteia: Agamemnon, Choephoroe, Eumenides*, translated by George Thomson (New York: Everyman's Library, 2004), p. 91, lines 1046~1048.

10 Bloom, *Shakespeare*, pp. 77~78.

11 William Shakespeare, *Titus Andronicus*, Act 1, scene 1, line 55.

12 Joseph Conrad, *Under Western Eyes* (Garden City, N.Y.: Doubleday, Page, and Company, 1924), Author's Note, p. x.

13 George Steiner, *The Death of Tragedy* (New Haven, Conn.: Yale University Press, (1961) 1980), p. 167.

14 Anthony Trollope, *Phineas Finn* (New York: Everyman's Library, [1869] 2001), p. 174, p. 258.

15 Camus, *The Rebel*, p. 23, p. 25.

16 Albert Camus, *Lyrical and Critical Essays*, edited by Philip Thody and translated from the French by Ellen Conroy Kennedy (New York: Vintage Books, 1968), pp. 291~292.

17 Herman Melville, *Billy Budd, Sailor (An Inside Narrative)*, included in *Billy Budd, Sailor and Other Stories* (New York: Penguin Books, [1924] 1986)(한국어판 다수), p. 350, p. 352, p. 361, p. 364.

18 Melville, *Billy Budd*, pp. 361~362.

19 Camus, *Lyrical and Critical Essays*, pp. 301~302.

4장 부당한 것일지라도 질서와 필연에 묵묵히 따라야 한다

1 Nietzsche, *The Birth of Tragedy*, p. vii, p. 60, p. 111.

2 Hegel, *On Tragedy*, edited by Paolucci, p. 47, p. 325, p. 369. Aeschylus, *Agamemnon*, translated by F. L. Lucas, line 218, in F. L. Lucas, *Greek Drama for Everyman* (J. M. Dent, 1954); *Greek Tragedy and Comedy* (Viking/Compass, 1973)로 다시 나옴. William Shakespeare, *The Tragedy of King Lear*, Act 4, scene 3, lines 37~38.

3 Bowra, *Sophoclean Tragedy*, p. 209.

4 Bowra, *Sophoclean Tragedy*, p. 61, p. 366, p. 374.

5 Schopenhauer, *Essays and Aphorisms*, p. 168.

5장 질서는 가족과 국가에 대한 충성 사이에서 영원한 갈등을 낳는다

1 Garry Wills, *Saint Augustine* (New York: Viking, 1999), p. 119. Ernest Gellner, *Muslim Society* (New York: Cambridge University Press, 1981), p. 20, pp. 24~26, p. 33.

2 Georg Wilhelm Friedrich Hegel, *The Philosophy of Fine Art* (London: Osmaton, 1920), p. 324.

3 Paul Cantor, *Shakespeare's Roman Trilogy: The Twilight of the Ancient World* (Chicago: University of Chicago Press, 2017), p. 84.

4 Bowra, *Sophoclean Tragedy*, p. 64.

5 Sophocles, *Antigone*, translated by F. L. Lucas, lines 672~678, in F. L. Lucas, *Greek Drama for Everyman* (J. M. Dent, 1954); *Greek Tragedy and Comedy* (Viking/Compass, 1973)로 다시 나옴.

6 Sophocles, *Antigone*, lines 929~930.

7 Bowra, *Sophoclean Tragedy*, p. 99.

8 Segal, *Tragedy and Civilization*, p. 186, p. 190.

9 Euripides, *Iphigenia at Aulis*, translated by John Davie, lines 397~401.

10 Euripides, *Iphigenia at Aulis*, lines 1258~1269.

11 Euripides, *Iphigenia at Aulis*, line 1353.

12 Euripides, *Iphigenia at Aulis*, line 1364.

13 Euripides, *Iphigenia at Aulis*, lines 1374~1391.

14 William Shakespeare, *Coriolanus*, Act 1, scene 3, lines 3~4.

15 Shakespeare, *Coriolanus*, Act 1, scene 3, lines 25~27.

16 Cantor, *Shakespeare's Roman Trilogy*, p. 135. Bloom, *Shakespeare*, p. 580.

6장 국가는 야망의 원천이 된다

1 Euripides, *Iphigenia at Aulis*, lines 517~520.

2 Bowra, *Sophoclean Tragedy*, p. 374.

3 William Shakespeare, *The Tragedy of Julius Caesar*, Act 2, scene 1, lines 21~26.

4 Shakespeare, *Julius Caesar*, Act 1, scene 2, lines 192~193.

5 Shakespeare, *Julius Caesar*, Act 1, scene 2, lines 142~145.

6 Sophocles, *Philoctetes*, translated by Carl Phillips (New York: Oxford University Press, 2003), lines 1165~1170.

7 Bloom, *Shakespeare*, p. xix, p. 17.

8 William Shakespeare, *The Tragedy of Hamlet, Prince of Denmark*, Act 3, scene 1, lines 91~97.

9 Shakespeare, *Julius Caesar*, Act 2, scene 1, lines 66~72.

10 William Shakespeare, *The Tragedy of Macbeth*, Act 1, scene 5, lines

48~50.

11 Steiner, *The Death of Tragedy*, p. 128.

12 Shakespeare, *Julius Caesar*, Act 3, scene 1, lines 300~301.

7장 야망, 그리고 폭정과 불의에 맞선 싸움

1 Aeschylus, *Prometheus Bound*, translated by F. L. Lucas, lines 105~108, line 500, line 611, line 1021, F. L. Lucas, *Greek Drama for Everyman* (J. M. Dent, 1954); *Greek Tragedy and Comedy* (Viking/Compass, 1973)로 다시 나옴.

2 Aeschylus, *Prometheus Bound*, lines 406~408.

3 Hamilton, *Mythology*, pp. 92~93.

4 Camus, *The Rebel*, p. 240.

5 Robert Browning, *Pauline: A Fragment of a Confession* (1833).

6 Leo Strauss, *On Tyranny: Including the Strauss-Kojève Correspondence*, edited by Victor Gourevitch and Michael S. Roth (Chicago: University of Chicago Press, 1961), p. 45. 스트라우스는 시라쿠사의 참주(폭군) 히에로 1세와 현자 시인 시모니데스의 대화를 담은 크세노폰의 작품을 언급한다.

7 Sophocles, *Antigone*, translated by David Grene, lines 393~395.

8 Shakespeare, *Hamlet*, Act 5, scene 1, lines 77~78, lines 216~219.

9 Schopenhauer, *Essays and Aphorisms*, p. 42.

8장 전쟁과 그 참화

1 Aeschylus, *Agamemnon*, translated by Lucas, lines 556~561.

2 William Shakespeare, *Henry IV, Part 1*, Act 5, scene 1, lines 131~37.

3 Lucas, *Greek Tragedy and Comedy*, p. 236.

4 Lucas, *Greek Tragedy and Comedy*, pp. 294~295.

5 Euripides, *Trojan Women*, translated by Alan Shapiro (New York: Oxford University Press, 2009), lines 209~216.

6 Euripides, *Trojan Women*, lines 431~439, line 464.

7 Euripides, *Trojan Women*, lines 427~428.

8 Euripides, *Trojan Women*, lines 877~878.

9 Euripides, *Trojan Women*, lines 1472~1473.

10 Euripides, *Trojan Women*, line 1575.

11 T. S. Eliot, *Selected Essays* (London: Faber and Faber, 1932), p. 131.

9장 끊이지 않는 전쟁으로 권력의 짐은 어마어마하다

1 Shakespeare, *Julius Caesar*, Act 2, scene 2, lines 32~33.

2 Aeschylus, *Choephoros*, line 901.

3 Euripides, *Iphigenia at Aulis*, lines 680~681.

4 Euripides, *Iphigenia at Aulis*, lines 447~448.

5 Bloom, *Shakespeare*, pp. 249~250, p. 263.

6 Shakespeare, *King Lear*, Act 1, scene 1, lines 339~340.

7 Aeschylus, *Persians*, translated by Janet Lembke and C. John Herington; introduction by C. John Herington (New York: Oxford University Press, 1981), p. 9.

8 Herington, Introduction to Aeschylus, *Persians*, p. 26.

9 Aeschylus, *Persians*, lines 81~83.

10 Aeschylus, *Persians*, lines 126.

11 Aeschylus, *Persians*, lines 442~445.

12 Aeschylus, *Persians*, lines 567~570.

13 Aeschylus, *Persians*, line 751, line 893.

14 Aeschylus, *Persians*, line 900.

15 Aeschylus, *Persians*, lines 1054~1066.

16 Aeschylus, *Persians*, lines 1357~1358.

10장 제국의 전쟁은 운명에 의해 결정된다

1 Cantor, *Shakespeare's Roman Trilogy*, pp. 60~62, p. 83.

2 Bloom, *Shakespeare*, p. 556. Tanner, Introduction to Shakespeare, *Tragedies, Volume 2*, p. lxxii. William Shakespeare, *The Tragedy of Antony and Cleopatra*, Act 1, scene 4, line 10.

3 C. P. Cavafy, "The God Abandons Antony" (1911) in *Collected*

Poems, translated by Edmund Keeley and Philip Sherrard and edited by George Savidis (Princeton, N.J.: Princeton University Press, 1975), p. 32. 저작권인용허가센터(Copyright Center Clearance, Inc.)를 통해 프린스턴대학교의 허락을 받아 재수록.

4 Reinhold Niebuhr, *The Irony of American History* (Chicago: University of Chicago Press, 1952), p. 74.

5 De Selincourt, *The World of Herodotus*, p. 57.

6 Steiner, *Tolstoy or Dostoevsky*, p. 79.

7 Bowra, *Sophoclean Tragedy*, p. 305.

8 Bowra, *Sophoclean Tragedy*, p. 27.

9 Aeschylus, *Choephoroe*, lines 305~307.

10 Giuseppe Tomasi di Lampedusa, *The Leopard*, translated from the Italian by Archibald Colquhoun (New York: Everyman's Library, [1958] 1998)([한국어판] 주세페 토마시 디 람페두사 지음, 최명희 옮김, 『표범』, 동안, 2015), p. 52, pp. 132~135, p. 164.

11장 영웅이 겪는 고난에서 비극의 본질이 나온다

1 Bowra, *Sophoclean Tragedy*, p. 368.

2 Segal, *Tragedy and Civilization*, p. 207.

3 Sophocles, *Oedipus at Colonus*, translated by F. L. Lucas, line 1620, in F. L. Lucas, *Greek Drama for Everyman* (J. M. Dent, 1954); *Greek Tragedy and Comedy* (Viking/Compass, 1973)로 다시 나옴.

4 Sophocles, *Ajax*, translated by Herbert Golder and Richard Pevear (New York: Oxford University Press, 1999), line 178.

5 Shakespeare, *Hamlet*, Act 3, scene 2, lines 234~236.

6 Schopenhauer, *Essays and Aphorisms*, pp. 46~47, p. 49.

7 William Wordsworth, *The Borderers*, 1795-1797, line 1, line 5.

8 Sophocles, *Oedipus at Colonus*, translated by David Grene, line 7.

9 Bradley, "Hegel's Theory of Tragedy," p. 370.

10 Bloom, *Shakespeare*, p. 587.

11 Tanner, Introduction to Shakespeare, *Tragedies, Volume 2*, p. lxxvi.

12 Dostoevsky, *Crime and Punishment*, translated by Richard Pevear

and Larissa Volokhonsky, pp. 549~550.

12장 오직 노인과 눈먼 자만이 진실을 얻는다

1 Sophocles, *Oedipus the King*, translated by F. L. Lucas, line 356, in F. L. Lucas, *Greek Drama for Everyman* (J. M. Dent, 1954); *Greek Tragedy and Comedy* (Viking/Compass, 1973)로 다시 나옴.

2 Charles Segal, Introduction to Sophocles, *The Theban Plays* (New York: Everyman's Library, 1994), p. xxiii.

3 Aleksandr Solzhenitsyn, *November 1916: The Red Wheel/Knot II*, translated by H. T. Willetts (New York: Farrar, Straus and Giroux, (1984) 1999), p. 337.

4 Bowra, *Sophoclean Tragedy*, p. 354.

5 Sophocles, *Oedipus the King*, lines 1528~1530.

6 Sophocles, *Ajax*, lines 153~160.

7 Herodotus, *The History*, 1:32.

8 Lionel Trilling, "A Speech on Robert Frost: A Cultural Episode" (1959), in Trilling's *The Moral Obligation to Be Intelligent: Selected Essays*, edited and with an introduction by Leon Wieseltier (Evanston, Ill.: Northwestern University Press, 2008), p. 380.

13장 서로 다른 선끼리 싸우기 때문에 우리에게 양심이 주어진다

1 Tanner, Introduction to Shakespeare, *Tragedies, Volume 2*, pp. x~xi.

2 Bloom, *Shakespeare*, p. 404.

3 William Shakespeare, *The Tragedy of Othello, The Moor of Venice*, Act 2, scene 3, pp. 371~382.

4 Bloom, *Shakespeare*, p. 436, p. 454.

5 Shakespeare, *Othello*, Act 2, scene 3, lines 286~290.

6 Henry A. Kissinger, *A World Restored: Metternich, Castlereagh and the Problems of Peace, 1812-1822* (Boston: Houghton Mifflin, 1957), p. 5.

7 Shakespeare, *King Lear*, Act 5, scene 3, lines 308~311.

14장 시간은 감사할 줄 모른다

1 Tanner, Introduction to Shakespeare, *Tragedies, Volume 2*, p. cvi.

2 Segal, *Tragedy and Civilization*, p. 378.

3 Jean Racine, *Phèdre*, translated from the French by Ted Hughes (New York: Farrar, Straus and Giroux, 1998), Act 1, scene 7.

4 Sophocles, *Ajax*, lines 712~714, line 791.

5 Sophocles, *Ajax*, line1204, lines 1209~1210.

6 Aeschylus, *The Oresteia: Choephoroe*, translated by Thomson, lines 1015~1016, lines 1018~1019.

7 Shakespeare, *Antony and Cleopatra*, Act 4, scene 15, lines 77~78.

8 Camus, "Prometheus in the Underworld" (1947), in *Lyrical and Critical Essays*, edited by Philip Thody and translated from the French by Ellen Conroy Kennedy (New York: Vintage Books, 1968), p. 142.

9 Jonathan Brown, *Velázquez: Painter and Courtier* (New Haven, Conn.: Yale University Press, 1986), p. vii, p. 30, p. 74, p. 104, p. 146, p. 203. Robert Hughes, *Goya* (New York: Knopf, 2003), p. 124.

에필로그

1 William Safire, "After the Fall," *New York Times*, August 29, 1991.

이 책을 쓰는 데 전반적으로 영감을 준 것은 예일대학교의 고 찰스 힐이다. 코네티컷주 켄트에 있는 헨리 키신저의 주말용 집에서 수십 년간 여러 차례 저녁식사를 같이하면서 다방면에 걸친 그의 사고를 접했다. 찰리*의 책 『대전략: 문학, 국가 통치, 세계 질서Grand Strategies: Literature, Statecraft, and World Order』(2010)는 내가 이 책을 쓰는 내내 부담으로 작용하는 동시에 이정표가 되었다.

내가 글마다 걸핏하면 사용한 비극을 피하려면 비극적으로

---

* '찰스'의 애칭.

사고해야 한다는 문장을 책 한 권으로 확장해보라고 처음 제안한 것은 사실 워싱턴의 동료인 폴 레토였다. 군사전략가이자 전 펜타곤 관료인 엘브리지 콜비 역시 레토의 아이디어에 찬성했다. 미국 연방대법원 서기를 지낸 애덤 클라인은 초기 단계에서 이 책을 읽고 논리적 흐름에 관해 매우 중요한 여러 가지 코멘트를 해주었다.

내로라하는 국방 정책 분석가들인 짐 토머스와 앤드루 크레퍼네비치는 내가 어려운 시기를 보낼 때 함께해준 현명하고 좋은 친구들이다. 대외정책연구소Foreign Policy Research Institute의 캐럴 "롤리" 플린과 신미국안보센터Center for a New American Security의 리처드 폰테인에게도 감사드린다. 두 연구소는 내가 이 책을 집필하고 완성하는 동안 지원을 아끼지 않았다.

나의 에이전트인 헨리 세이어는 예일대학교 출판부의 윌리엄 프럭트에게 이 책의 출간을 제안했다. 프럭트는 잊지 못할 편집자로 문학적 감수성과 체계적 통찰력, 분석적 판단력을 두루 갖추었다. 내 조수인 엘리자베스 M. 로키어는 때로는 엄청난 탐정 업무를 필요로 하는 게재 허가 업무를 처리했다.

결혼 생활 40년째인 마리아 캐브럴은 사랑과 이해로 나를 감싸주었다.

마지막으로 1장의 일부에 해당하는 초기 판본(Robert D. Kaplan, "The Tragic Sensibility," *The New Criterion* (May 2017))을 실어준 『뉴크리테리언』의 편집진에 감사한다.

다음 작품들에서 일부를 옮겨 싣도록 허락해준 데 대해서도 감사드린다.

Aeschylus, *Persians*, translated by Janet Lembke and C. J. Herington; introduction by C. J. Herington (New York: Oxford University Press, 1981). Copyright © 1981 by Janet Lembke and C. J. Herington. Reproduced with permission of the Licensor through PLSclear.

Euripides, *The Bacchae and Other Plays*, translated by John Davie with notes by Richard Rutherford, published by Penguin Classics. Translation copyright © 2005 John Davie. Introduction and editorial material copyright © 2005 Richard Rutherford. All rights reserved. Reprinted by permission of Penguin Books Limited.

Euripides, *Trojan Women*, translated by Alan Shapiro (New York: Oxford University Press, 2009). Copyright © 2009 by Oxford University Press, Inc. Reproduced with permission of the Licensor through PLSclear.

카플란의 현명한 정치가

카플란의 현명한 정치가

카플란의 현명한 정치가

지은이 로버트 D. 카플란

오랫동안 국제 분쟁 지역을 취재하면서 목격한 국제정치와 외교 문제를 특유의 필체와 통찰력으로 분석해온 저널리스트이자 베스트셀러 작가다. 『포린폴리시』에서 선정한 '세계 100대 사상가'에 두 차례 올랐다. 『지리의 복수』, 『발칸의 유령들』, 『21세기 국제정치와 투키디데스』 등 수많은 저서가 세계 각국의 언어로 번역되었다.

옮긴이 유강은

오랫동안 국제 문제 전문 번역가로 활동하고 있으며, 『미국의 반지성주의』로 제58회 한국출판문화상(번역 부문)을 수상했다. 『신체 설계자』, 『빛의 만리장성』, 『물러나다』 등 인문 사회부터 정치까지 폭넓은 분야의 책을 우리말로 옮겼다.

**카플란의
현명한
정치가**

발행일   2023년 5월 30일 (초판 1쇄)

지은이   로버트 D. 카플란
옮긴이   유강은
펴낸이   이지열
펴낸곳   미지북스
            서울시 마포구 잔다리로 111(서교동 468-3) 401호
            우편번호 04003
            전화 070-7533-1848   팩스 02-713-1848
            mizibooks@naver.com
            출판 등록 2008년 2월 13일 제313-2008-000029호

편집   오영나, 서재왕
본문디자인   정연남
출력   상지출력센터
인쇄   한영문화사

ISBN   979-11-90498-49-4 03340
값   16,700원

블로그 http://mizibooks.tistory.com
트위터 http://twitter.com/mizibooks
페이스북 http://facebook.com/pub.mizibooks